Excel&VBA で学ぶ 金融統計の基礎

青沼君明・市川伸子 [著]

社団法人 金融財政事情研究会

はしがき

　本書は、金融業務で求められるデータ解析に必要な基礎的統計理論を解説したものである。Excelで分析可能な例題を用い、統計理論を実際に適用する際の具体例についても記述した。統計分析には非常に多くの手法が存在しており、理論的な裏付についても実務家にとっては難解なものが多いのが実情である。一方、簡単な統計分析はExcelでも可能であり、データさえ用意すれば見栄えのよい統計分析レポートを作成することが可能である。しかし、統計値の見方、判断の仕方を理解していない場合には誤った解釈をしてしまうこともある。

　本書では、統計理論の中身や、厳密な定義などについては専門書に委ね、実務で必要となる代表的な統計手法を取り上げ、データの適用方法、出力された統計値の解釈の仕方などにフォーカスして解説した。統計分析では、1個のデータによって結論が異なったものになってしまうこともしばしば起こる。適切な結論を導き出し、最良の解釈をするためには、どのような統計手法を選択するかという問題が出てくる。また、利用する統計手法によっては前提があるのを無視して分析すると、誤った結論を導くおそれがある。このようにデータの分析にあたっては、データ特性の読取り、解釈をするために基本的な統計知識をもつことが非常に重要である。

　そのため、実務的な題材を演習問題として取り上げ、Excelを用いて分析することで、説明に臨場感をもたせられるように留意した。ただし、想定した題材のなかには標準的なExcelで処理することがむずかしいものもあり、これらについては本書の対象外とした。

　本書はExcelの入門書ではないので、Excelの説明については必要最小限にとどめてある。Excelの詳細については専門書を参照していただきたい。

　本書の執筆にあたり、多くの方々のお世話になった。特に、本書の出版にご協力をいただいた㈳金融財政事情研究会の佐藤友紀氏には、この場を借り

て感謝したい。もちろん、ありうるべき誤りはすべて著者の責任に帰する。

なお、本稿は著者の個人的な見解であり、所属する組織の見解ではない。また、本書ではリスク評価に用いられる理論を例示したものであり、普遍的、合理的なモデルを紹介したものではない。したがって、実務で利用される場合には、自己責任のもと、十分な検討のうえご利用いただきたい。

平成21年6月

著　者

【本書を読まれる前に】

　本書および添付されたCD-ROMに掲載されたプログラムは本書で説明した内容の理解を助けるためのものであり、実務に直接利用することは避けてください。万一、実際の取引に利用し、そのために損失を被った場合でも、著者および著者の所属する組織はいっさいの責任を負いませんのでご了承ください。

　なお、本書はMicrosoft Office Excel 2003 SP2で作成したプログラムを用いて解説しました。

【商　　標】

・Excelは米国Microsoft社の登録商標です。

【著者紹介】
青沼　君明（あおぬま・きみあき）
　　1977年　ソニー株式会社入社
　　1990年　三菱銀行（現、三菱東京UFJ銀行）入行（現在に至る）
　　　　　　融資企画部　CPMグループ　チーフ・クオンツ
　　　　　（兼務）東京大学大学院　数理科学研究科　客員教授
　　　　　　　　　大阪大学大学院　基礎工学研究科　招聘教授
　　　　　　　　　一橋大学大学院　経済学研究科　客員教授
　　東京大学大学院　数理科学研究科　博士課程修了（数理科学博士）
〈著書〉
『金融リスクの計量化(下)クレジット・リスク』（共著、金融財政事情研究会）
『金利モデルの計量化』（共著、朝倉書店）
『クレジット・リスク・モデル』（共著、金融財政事情研究会）
『Excelで学ぶファイナンス③債券・金利・為替』（共著、金融財政事情研究会）
『Excel&VBAで学ぶファイナンスの数理』（共著、金融財政事情研究会）
『Excelで学ぶバーゼルIIと信用リスク評価手法』（共著、金融財政事情研究会）
『Excel&VBAで学ぶVaR』（共著、金融財政事情研究会）
　ほか、学術論文多数
〈訳著〉
『デリバティブ入門』（共訳、金融財政事情研究会）
『フィナンシャル・エンジニアリング〈第5版〉』（共訳、金融財政事情研究会）
　ほか

市川　伸子（いちかわ・のぶこ）
　　1989年　東京生命保険相互会社（現、T&Dフィナンシャル生命保険株式会社）
　　　　　　入社
　　2008年　三菱東京UFJ銀行入行（現在に至る）
　　　　　　融資企画部　CPMグループ
　　成蹊大学文学部　卒業
〈著書〉
『Excelで学ぶバーゼルIIと信用リスク評価手法』（共著、金融財政事情研究会）

目　次

第1章　データの分布特性

1.1　データの特性について…………………………………………………2
1.2　一変量解析………………………………………………………………3
1.3　度数分布…………………………………………………………………3
1.4　基本統計量………………………………………………………………6
1.5　ヒストグラムから分布を読み取る……………………………………14
1.6　正規分布…………………………………………………………………19
1.7　カイ二乗分布……………………………………………………………21
1.8　t 分　布…………………………………………………………………23
1.9　F 分　布…………………………………………………………………25
1.10　その他の基本統計量……………………………………………………25
1.11　外れ値や異常値の基準…………………………………………………29
1.12　大きく離れた値の取扱い………………………………………………31
1.13　ま　と　め………………………………………………………………35

第2章　変数間の関係分析

2.1　相関分析…………………………………………………………………38
2.2　回帰分析…………………………………………………………………44
2.2.1　単回帰分析…………………………………………………………46
2.2.2　重回帰分析…………………………………………………………58
2.3　数量化Ⅰ類………………………………………………………………66
2.4　ロジスティック分析……………………………………………………70

2．5　ま と め ……………………………………………………………74

第3章　グループ間の差異分析

3．1　判別分析 ……………………………………………………………76
3．2　一元配置分析 ………………………………………………………82
3．3　分布の差異分析 ……………………………………………………89
3．4　K-S（Kolmogorov-Smirnov）値 …………………………………97
3．5　AR値（Accuracy ratio）…………………………………………99
3．6　ダイバージェンス………………………………………………102
3．7　クラスター分析…………………………………………………103
3．8　ま と め…………………………………………………………106

第4章　時系列データの分析

4．1　データの種類……………………………………………………110
4．2　時系列データの特徴……………………………………………111
4．3　時系列データの構成要素………………………………………111
4．4　変動を掴む………………………………………………………113
4．5　移動平均…………………………………………………………115
4．6　自己回帰性………………………………………………………118
4．7　数量化Ⅰ類による外部要因の除去……………………………119
4．8　ま と め…………………………………………………………121

第5章　主成分分析

5．1　主成分分析の目的………………………………………………124

5．2　主成分分析の計算……………………………………………124
5．3　主成分分析から特性をみる…………………………………136
5．4　ま と め………………………………………………………140

参考文献 ……………………………………………………………142
事項索引 ……………………………………………………………143

第 1 章

データの分布特性

データを解析するためには、まずデータの分布特性を明らかにする必要がある。VaRなどのリスク評価モデル、デリバティブの価格評価モデルなどでは、リスク資産や原資産と呼ばれる確率変数の将来の分布を推定することが重要になる。また、リスク要因ごとのパラメータ推定の局面では、データの分布特性によって適用可能な統計手法も異なってくる。この章では、データ解析の前提となるデータの分布特性分析の方法について解説する。

1.1 データの特性について

はじめに、分析や検証に用いるデータについて考えてみる。与えられたデータの項目を変数というが、その変数の分類として、株価や借入期間といった値を表す**量的変数**（数量タイプ）と、格付や取引状態といった状態を表す**質的変数**（カテゴリータイプ）がある。データ解析をする場合、データのタイプによって適用可能な統計手法が異なってくるので注意が必要である。

多変量解析は、説明したいあるいは予測したい変数である**目的変数**（被説明変数）と、説明あるいは予測するのに用いる**説明変数**との関係を探ることにある。データのタイプによる適用可能な統計手法について、それらの対応関係を表1.1に示す。

表1.1 データ解析における目的変数と説明変数の関係

	目的変数	説明変数
回帰分析	量的変数	量的変数
数量化Ⅰ類	量的変数	質的変数
判別分析	質的変数	量的変数
数量化Ⅱ類	質的変数	質的変数

1.2 一変量解析

データ解析は、まず与えられているデータの特徴を把握することが基本となる。それは、データがどのような集合体であり、どのようなばらつきをもっているのかなどについて確認することである。ばらつきを表現するものが**分布**であり、分布の範囲を設定すれば、その範囲に該当するデータの割合を表現することができる。確率分布とは、収益率や損失額などの確率変数の実現値と、それが起こる確率の関係を表したものである。

「分布」を読み取る際のポイントとしては、

① 分布の中心
② 分布の広がり
③ 分布のゆがみ

といった点があげられるが、このようなばらつきの状態を読み取る方法として、グラフ等を用いて視覚的に把握する方法と、統計数値から把握する方法とがある。

1.3 度数分布

度数分布表は、与えられたデータに対し、いくつかの範囲で区間分けした**階級（クラス）**を設定した場合、それぞれの階級にデータがいくつ属するのかを表したものである。階級（クラス）は量的変数、質的変数いずれも対象となるが、株価対数収益率のような、連続データの場合には、データの範囲を等間隔に分割して階級をつくり、その階級に応じた度数分布表を作成する。

表1.2は、ある銘柄の株価対数収益率を例にした度数分布表である。度数分布表の項目にある**度数**は各階級に属したデータの数、**累積度数**はその階級までの度数を累積したもの、**相対度数**は度数の全体に対する割合、**累積相**

表 1.2　度数分布表（株価対数収益率）

収益率区分	度数	累積度数	相対度数	累積相対度数
−0.100	0	0	0.00%	0.00%
−0.075	4	4	0.72%	0.72%
−0.050	4	8	0.72%	1.43%
−0.025	47	55	8.42%	9.86%
0.000	241	296	43.19%	53.05%
0.025	194	490	34.77%	87.81%
0.050	52	542	9.32%	97.13%
0.075	13	555	2.33%	99.46%
0.100	1	556	0.18%	99.64%
0.125	1	557	0.18%	99.82%
0.150	1	558	0.18%	100.00%
次の級	0	558	0.00%	100.00%
	558		100.00%	

対度数はその階級までを累積した相対度数を表している。相対度数は割合で示される確率であり、累積相対度数は確率分布を意味する。

　度数分布表を視覚的に棒グラフで表示したものを**ヒストグラム**という（作成手順については後述）。

　図1.1は表1.2の度数分布表をヒストグラムとして表したものであり、視覚的に分布の特性を確認することができる。図1.1に示した株価対数収益率のヒストグラムから、階級ごとの発生割合（確率）、損失割合、などといった対数収益率の特性を視覚的に読み取ることができる。また、累積相対度数は、ある階級値以下の値をとる割合、つまり確率分布を示している。

　また、度数を大きい順に並べ、度数と累積相対度数の2つの数値をグラフにしたものを**パレート図**という。この図からは、発生頻度（割合）が大きい階級が、全体のどれぐらいの影響をもっているのかが読み取れる。

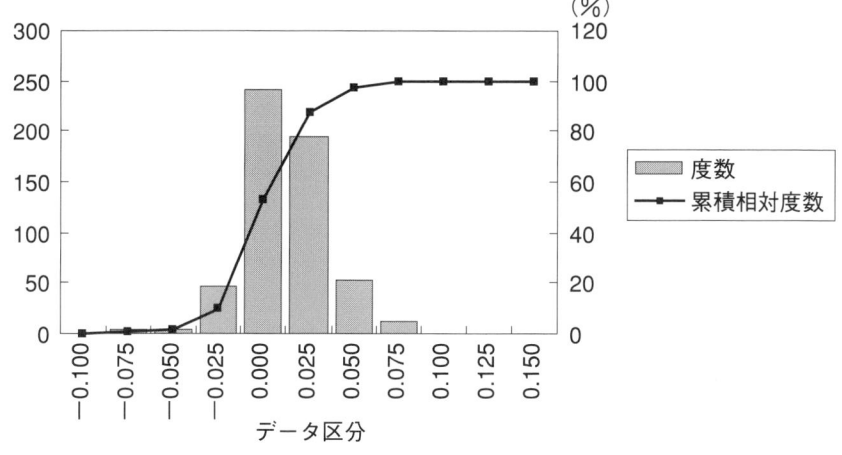

図1.1　株価対数収益率のヒストグラム

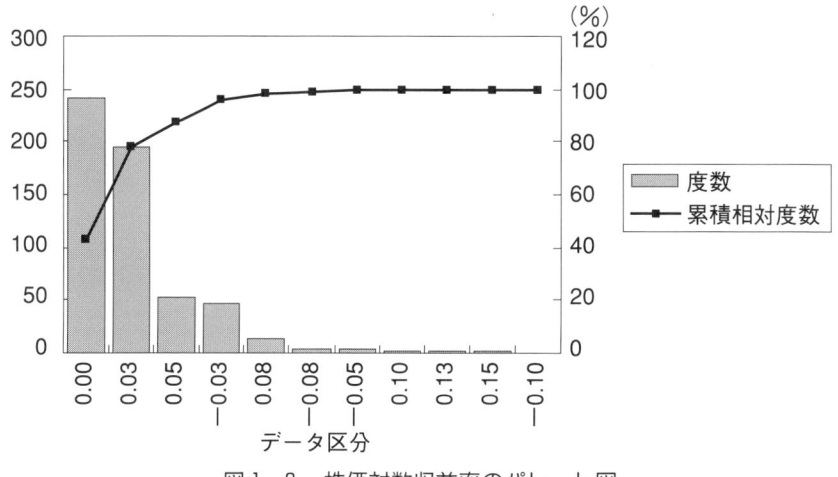

図1.2　株価対数収益率のパレート図

　これらの度数分布表やヒストグラムから、データの特徴的な傾向、データのばらつき方、さらに、データのなかで多数と異なる動きをする少数の動きはどのような要因なのかを、読み取っていくことが大切である。

1.4 基本統計量

データの中心やばらつきについて、代表的な統計数値を表したものが基本統計量である。基本統計量は量的変数のデータが対象となる。

Excelでは、分析ツールから13種類の基本統計量を出力することができ、また関数を用いてそれらの値を算出することも可能である。

例題 1.1

ここで、以下のような a～e の5銘柄の日次株価データを取り出し、各銘柄の株価の基本統計量を確認する。

表1.3　日次株価データ

	A	B	C	D	E	F
1	時点	a	b	c	d	e
2	1	244	334	256	173	1596
3	2	241	328	253	174	1599
4	3	244	329	266	174	1633
5	4	243	325	297	172	1663
6	5	251	327	314	170	1630
7	6	243	331	296	165	1655
8	7	254	330	298	171	1728
9	8	254	334	300	172	1680
10	9	254	330	294	173	1660
11	10	256	334	285	174	1683
12	11	252	328	278	173	1649

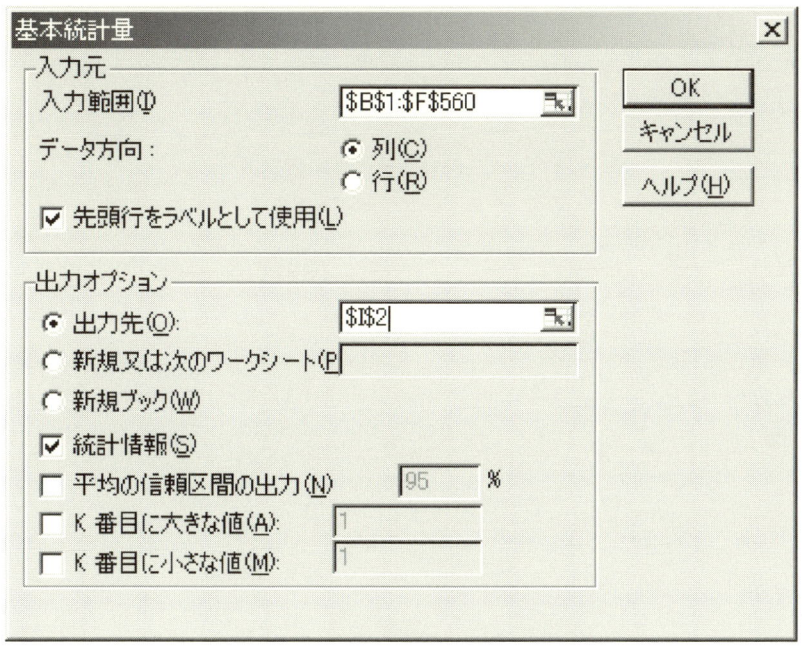

図1.3　基本統計量のメニュー画面

☆Excelで「ツール（T）」⇒「分析ツール（D）」を指定すると、データ分析画面が表れるので、「基本統計量」を指定し、OKボタンを押す。「基本統計量」の画面が表示されるので、「入力範囲（I）」に株価データが記述されている範囲を指定し、さらに分析結果の出力先を指定する。I2と指定すると、同一シートのI2が基準の位置となる。また、新規または次のワークシートを指定すると、特定のシート上に出力される。

表1.4はExcelで出力された、各銘柄の日次株価の基本統計量である。ここで、基本統計量の各項目について簡単に解説する。なお、ここでは各銘柄の日次株価データ数（標本数）を n として表示する。

表1.4　日次株価の基本統計量

	a	b	c	d	e
平均	356.3309	451.6261	381.7996	236.907	2039.603
標準誤差	2.295938	2.710834	3.759224	1.146715	12.93802
中央値（メジアン）	373	472	381	244	2155
最頻値（モード）	374	494	400	250	2170
標準偏差	54.28327	64.09274	88.88	27.11198	305.8959
分散	2946.673	4107.88	7899.655	735.0594	93572.31
尖度	0.154124	−0.50741	−1.23997	−0.18115	−0.42627
歪度	−1.06507	−0.77231	0.224046	−0.77102	−0.9312
範囲	253	245	318	118	1109
最小	215	305	243	165	1376
最大	468	550	561	283	2485
合計	199189	252459	213426	132431	1140138
標本数	559	559	559	559	559

(1) 平　　均

データの算術平均であり、ばらつきの中心傾向を示す。データのなかに他のデータと大きく離れた**異常値（外れ値）**がある場合は、その異常値の影響を受けるため、中心傾向を示す指標としては適切でなくなる可能性があることに注意が必要である。n個のデータ $x_1, x_2, \cdots, x_n$ の平均値を平均 $\bar{x}$ といい、

$$\bar{x} = \frac{1}{n} \sum_{i=1}^{n} x_i \tag{1.1}$$

となる。

〈Excel関数〉AVERAGE関数

⑵　標準誤差

標本標準偏差の精度を表し、標準偏差 σ を $\sqrt{n}$ で除したものである。**標準誤差** s_e は、

$$s_e = \sqrt{\frac{v}{n}} = \frac{\sigma}{\sqrt{n}} \quad (1.2)$$

　　σ：標準偏差（分散平方根）

で計算される。

⑶　中央値（メジアン）

　データの数値を大きい（小さい）順に並べたときに、中心に位置する数値であり、ばらつきの中心傾向を示す。またデータの数が偶数の場合は、中心の2つの平均値をとる。データのなかに、他のデータと大きく離れた異常値（外れ値）がある場合でも、中心に位置する数値を用いるため、異常値の影響を受けにくい。

〈Excel関数〉MEDIAN関数

⑷　最頻値（モード）

　データのなかで最も頻繁に存在する値を示し、ばらつきの中心傾向を示す。最頻値が2つある場合には先にデータに表れている方が表示される。また**最頻値**がない場合は「#N/A」が表示される。

〈Excel関数〉MODE関数

⑸　標準偏差

　データが平均値からどれくらい離れているかを表し、分散 v の平方根をとったもので、ばらつきの大きさを示す（分散平方根）。不偏分散の平方根をとったものを、**不偏標準偏差**という。標準偏差 σ は、

第1章　データの分布特性　9

$$\sigma = \sqrt{\frac{1}{n}\sum_{i=1}^{n}(x_i-\bar{x})^2} \qquad (1.3)$$

で、不偏標準偏差 $\hat{\sigma}$ は、

$$\hat{\sigma} = \sqrt{\frac{1}{n-1}\sum_{i=1}^{n}(x_i-\bar{x})^2} \qquad (1.4)$$

で計算される。分析ツールの基本統計量の出力結果からは、不偏標準偏差 $\hat{\sigma}$ が求められる。

〈Excel関数〉STDEVP関数(標準偏差)
　　　　　　STDEV関数(不偏標準偏差)

(6) 変動係数

　標準偏差は平均値の大きさに左右されるため、標準偏差の大きさをみただけでは変化幅が大きいのか小さいのかよくわからない。そこで平均値からみての変化率である変動係数(C.V.)を計算し、実質的なデータのばらつきの大きさをみることを考える(Excelの基本統計量には表示されていない)。

　変動係数は、以下の計算式のように標準偏差を平均値で除して求め、変動係数が大きいほどばらつきが大きいと考える。

$$\text{変動係数(C.V.)} = \frac{\text{標準偏差}}{\text{平均値}} = \frac{\sigma}{\bar{x}} \qquad (1.5)$$

(7) 分　散

　偏差平方和(各データの値と平均値との差を二乗した合計)をデータ数 n で除した値であり、ばらつきの大きさを示す。データ数を n ではなく、$n-1$ で除した値を**不偏分散**という。データ数 n が十分に大きいときには両者の差はほとんどない。分散 v は、

$$v = \frac{1}{n}\sum_{i=1}^{n}(x_i-\bar{x})^2 \qquad (1.6)$$

不偏分散$\hat{v}$は、

$$\hat{v} = \frac{1}{n-1} \sum_{i=1}^{n} (x_i - \bar{x})^2 \qquad (1.7)$$

で計算される。

〈Excel関数〉VARP関数（分散）
　　　　　　VAR関数（不偏分散）

⑻　尖　　度

分布の尖り具合を示す統計値である。正規分布を基準とした場合に、正規分布より尖っているか、同じ形状か、正規分布より偏平かを比較することができる。**尖度**k_4は

$$k_4 = \frac{(x_i - \bar{x})^4 / n}{\sigma^4} \qquad (1.8)$$

となる。k_4の値から

　　$k_4 > 3$ の場合、正規分布より尖っている。

　　$k_4 < 3$ の場合、正規分布より扁平となっている。

ということができる。正規分布の場合は$k_4 = 3$となるため、裾野が広がった場合は、平均値から離れたデータがあるということがわかる。

Excelでは正規分布の場合が$k_4 = 0$となるように、尖度k_4は以下の式で計算されている。

$$k_4 = \frac{n(n+1)}{(n-1)(n-2)(n-3)} \sum_{i=1}^{n} \left(\frac{x_i - \bar{x}}{\sigma} \right)^4 - 3 \frac{(n+1)^2}{(n-2)(n-3)} \qquad (1.9)$$

〈Excel関数〉KURT関数

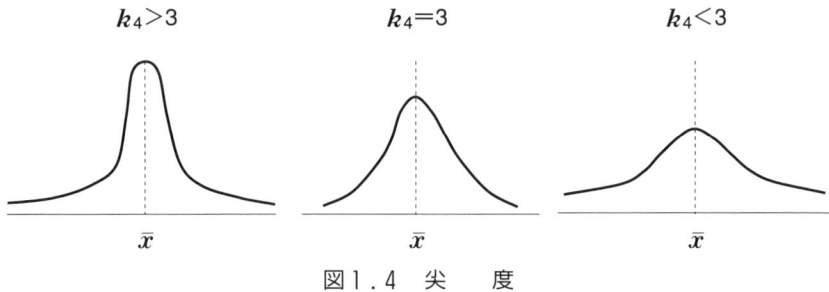

図1.4　尖　　度

(9) 歪　　度

分布の歪み具合を示し、右に歪んでいるか、左右対称にあるか、左に歪んでいるかを表す。**歪度**k_3は

$$k_3 = \frac{(x_i - \bar{x})^3/n}{\sigma^3} \tag{1.10}$$

で計算される。k_3の値から

　$k_3 > 0$の場合、分布が右に尾をひいている。

　$k_3 < 0$の場合、分布が左に尾をひいている。

ということができる。左右対称の場合は$k_3 = 0$となる。たとえば$k_3 < 0$で、分布が左に尾を引いている（左にファットテール）といった場合は、$k_3 = 0$の分布と比較し、平均値よりかなり小さな値が出る可能性が高い分布であることがわかる。リスク評価上は、損失の出る方向のみをリスクとして考える。そのため片側サイドのばらつきがどうなっているかが、重要になってくる。左に尾をひいている（左にファットテール）といった場合にはリスクを高く評価するような検討が必要である。

　Excelで歪度k_3は以下のように計算される。

$$k_3 = \frac{n}{(n-1)(n-2)} \sum_{i=1}^{n} \left(\frac{x_i - \bar{x}}{\sigma} \right)^3 \tag{1.11}$$

〈Excel関数〉SKEW関数

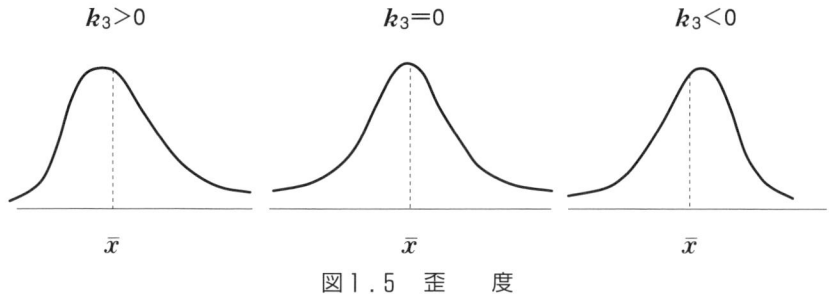

図1.5 歪　度

⑽　範　　囲

ばらつきの大きさを、最大値と最小値の差として表したもので、**レンジ**ともいう。

⑾　最　　小

データの最小値。
〈Excel関数〉 MIN関数

⑿　最　　大

データの最大値。
〈Excel関数〉 MAX関数

⒀　合　　計

データの合計値。
〈Excel関数〉 SUM関数

⒁　標　本　数

データの数（ケースの数）。
〈Excel関数〉 COUNT関数

このように基本統計量をみれば、(1)平均値、(3)中心値（メジアン）、(4)最頻値が「分布の中心はどうなっているか」の指標として、(5)標準偏差、(7)分散、(10)範囲が「分布のばらつきがどうなっているか」の指標として、(8)尖度、(9)歪度は分布の形に関する指標として、基本的なデータの特性を確認できる。

表1.4の日次株価統計量から銘柄aの平均は356.33、中央値は373である。平均は、データ数が少ない場合に外れ値の影響を受けやすく、外れ値が存在するデータの場合には中央値のほうが分布の特性を表現しやすい場合もある。しかし、ここではほとんど近い値となっている。尖度は0.1541とやや尖っていて、平均値の周りに分布が集中しているといえる。一方、歪度は－1.0650と若干ながら裾が左に伸びている。

銘柄bの平均は451.62、中央値は472でほぼ近い値となっている。尖度は－0.5074とやや扁平で、一方、歪度は－0.772314と若干ながら裾が左に伸びているが、銘柄aほど大きくない。

2銘柄の標準偏差はa：54.28、b：64.09と銘柄bのほうが大きいが、これだけでは変化幅が大きいかどうかがわからないので、変動係数を計算すると、

$$変動係数 a : \frac{356.33}{54.28} = 0.1523$$

$$変動係数 b : \frac{451.62}{64.09} = 0.1419$$

となり、平均値からみた変化率は銘柄aのほうが大きいといえる。

1.5　ヒストグラムから分布を読み取る

次に、分布の形を視覚的に確認するため、例題1.1の5銘柄の**ヒストグラム（度数分布）**を作成する。ヒストグラムとは度数分布表を視覚的に棒グ

ラフで表示したものである。ただし、ヒストグラムでは、階級の幅と高さで表現されるので、階級の幅のとり方によって形状が異なった印象になる場合があるので、注意が必要である。

ヒストグラムを読み取るポイントとしては、
　　① ヒストグラムの山が単峰型か双峰型（あるいは多峰型）か
　　② ヒストグラムの山が左右対称か非対称か
がある。

　同質の集団のなかでの平均的な傾向は、1つのヒストグラムの山（単峰）になって表れるが、ヒストグラムの山が双峰となって表れている場合は、異質な集団が含まれることが想定される。

　集団の平均的な傾向がどこにあるか、ばらつきはどのような状態か、異質なデータや多数の傾向から異なるデータの存在があるかを視覚的に読み取るのが、ヒストグラムを作成する目的である。ここで、異質なデータや多数の傾向から異なるデータの要因を考慮し、場合によってはデータを分類するということについて検討する。

|例題1.2|

　例題1.1のa～eの5銘柄の日次株価データについてヒストグラムを作成し、分布の特性を確認する。

☆Excelで「ツール（T）」⇒「分析ツール（D）」を指定すると、データ分析画面が示されるので、「ヒストグラム」を指定し、OKボタンを押す。「ヒストグラム」の画面が表示されるので、「入力範囲（I）」に各々の銘柄の株価データを指定、「データ区間（B）」は、基本統計量の最小値、最大値など出力結果を参考に、あらかじめ作成したデータ区間範囲を指定（データ区間を省略した場合は、データの最小値と最大値の間を均等に区切ったデータ区間が自動的に作成される）し、さらに分析結果の出力先を指定する。

第1章　データの分布特性

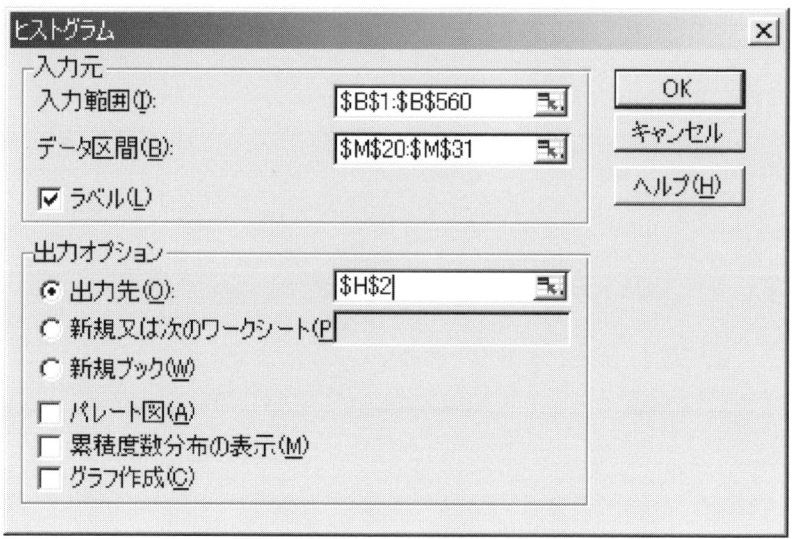

図1.6 ヒストグラムのメニュー画面

表1.5 日次株価の度数分布表

データ区分	銘柄a	銘柄b	銘柄c	銘柄d
		頻	度	
100	0	0	0	0
150	0	0	0	0
200	0	0	0	65
250	54	0	7	297
300	50	0	139	197
350	55	79	93	0
400	306	42	95	0
450	91	99	75	0
500	3	211	67	0
550	0	128	79	0
600	0	0	4	0
次の級	0	0	0	0

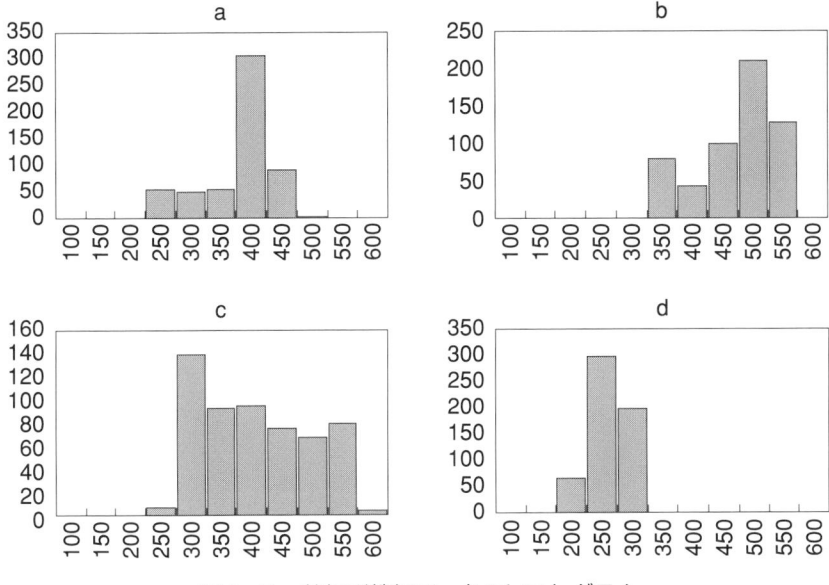

図1.7 銘柄別株価データのヒストグラム

　表1.4で示した基本統計量を確認すると、銘柄a～dの4銘柄は、0円から600円の範囲におさまっているので、ここでは同じスケールで比較することにし、同範囲で階級分けしたデータ区分で作成した度数分布表が、表1.5である。この度数分布をもとに棒グラフを作成したものが、図1.7のヒストグラムである。

　出力された度数分布表やヒストグラムから、銘柄ごとの中心傾向とばらつきをみる。図1.7で出力したヒストグラムに、中心から大きく離れた少数のデータ（外れ値）がみられた場合には、データを読み取る際に重大な影響が出る可能性もあるため、その外れ値が出た原因について、検討したうえでデータの読取りを行う必要がある（第1.11節の外れ値や特異値の基準を参照）。各銘柄の株価データ数は$n=559$であり、銘柄a～dは同じ階級分けで作成したヒストグラムをみている。銘柄cは他の3銘柄に比べて幅広くフラットに分布しており、この銘柄のなかでは株価の変動する幅が相対的に大

第1章　データの分布特性　17

銘柄 e	
データ区分	頻度
1300	0
1400	8
1500	69
1600	6
1700	24
1800	27
1900	11
2000	25
2100	60
2200	130
2300	105
2400	77
2500	17
2600	0
次の級	0

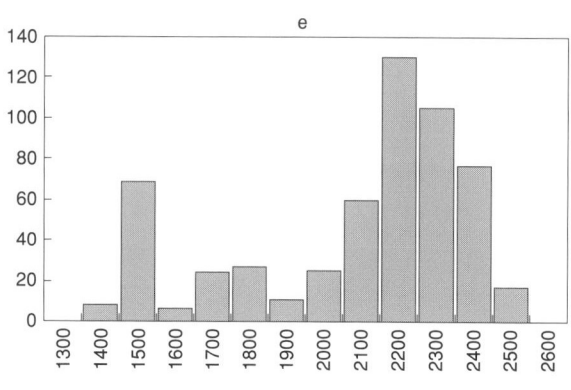

図1.8 銘柄e株価データの度数分布表およびヒストグラム

きいといえる。

　しかしながら、度数分布やヒストグラムの階級分けには恣意性があるため、階級の区分けの幅によってヒストグラムは異なった印象になってくるので注意が必要である。ここでは、基本統計量からの統計数値をあわせて確認しデータを読み取っていく。

　図1.8は銘柄eの度数分布表とヒストグラムを示したものである。この銘柄については1300円超2500円以下の範囲に分布している。表1.4より各々5銘柄の標準偏差はa：54.28、b：64.09、c：88.88、d：27.11、e：305.89と銘柄eが大きく、次いで銘柄cとなるが、各銘柄の株価の水準が異なるため、これだけでは変化幅が大きいかわからない。

　変動係数を計算すると、各々a：0.1523、b：0.1419、c：0.2328、d：0.1144、e：0.1450となり、平均値からみた変化率は銘柄cが大きいといえる。

このように株価の変動幅は、収益予想を検討する際の重要な値ともなり、またリスクを計測するうえでも重要な値となる。度数分布、ヒストグラムから分布の形状を視覚的に確認し、特性を把握するとともに、基本統計量から得られる情報とあわせ総合的に読み取ることが必要である。

演習 1.1 例題 1.1 の株価データをもとに対数収益率を算出し、銘柄ごとにその基本統計量を求めよ。また、ヒストグラムを作成せよ。

1.6 正規分布

データのばらつきを表現するものが**分布**であり、その基本的な分布が**正規分布**である。正規分布は、分布（密度関数）の山が1つで、平均を中心に左右対称な分布となる。正規分布は、平均 μ と分散 σ^2（もしくは標準偏差 σ）の2つの値が与えられると分布が一意に決まり、自然現象、物理現象などを説明するときによく用いられる。平均0、分散1（もしくは標準偏差1）となる正規分布を**標準正規分布**という。

正規分布には、以下のような特性がある。

- 正規分布は、平均（μ）に関して左右対称である。
- 正規分布の平均、中央値、最頻度はすべて等しく μ である。
- 分散・標準偏差の値が大きい程、正規分布は扁平になる。
- 正規分布の曲線（密度関数）以下の x 軸との間の面積は確率を表し、正規分布の面積の合計は1である。

個々のデータが、集団のなかでどのような位置にあるのかを分析するには、相対的な評価を行うことが必要である。たとえば、集団Aは平均10,000、標準偏差1,000、集団Bは平均1,000、標準偏差200、の正規分布にそれぞれ従っているものとする。集団Aに属するデータaの値は平均より500少ない9,500であり、同じく集団Bに属するデータbの値は平均より500

少ない500であるものとする。このとき、データaとデータbとでは、データ集団のなかでの位置づけは大きく異なるはずである。なぜなら、集団Aと集団Bとでは、平均や標準偏差のスケールがまったく異なるためであり、単純に差を比較しても意味がないからである。このように、異なる正規分布に属するデータを比較する場合には、スケールを合わせることで相対的な評価を行う必要がある。平均からの距離は、ばらつきの大きさを表し、標準偏差は、この距離を判断する基準となる。そこで、標準偏差1単位当りの個々のデータの、平均からの距離である**Zスコア**によって、個々のデータの位置づけを評価する。Zスコアの値Zを以下の式で求める。

　　　Z＝(データ値－平均)／標準偏差

〈Excel関数〉STANDARDIZE関数

　このようにデータ値から平均を引き標準偏差で除すことで集団の平均を0、標準偏差を1とすることを基準化といい、このZスコアは標準正規分布に従う。

　なお、Zスコアをさらに平均50、標準偏差10に変換したものが偏差値となる。

〈Excel関数〉＝STANDARDIZE（データ値、平均、標準偏差）×10＋50

　平均を中心に左右対称の分布である正規分布は、平均と標準偏差の2つがわかれば1つの形状が決まり、曲線以下の面積が具体的な確率として対応するため、決められた範囲の割合を表現することができる。言い換えれば正規分布は確率分布モデルであり、ばらつき方は確率で示される。

　確率とは、不確実な要素が生起する割合を数値として表現するものである。確率分布（分布関数）は、確率変数の確率的性質を表現し、ある値x以下の値が生起する割合が、全体の事象の何％なのかを示している。このことは、ある値以上、または、ある値以下になる確率を求められることを意味する。

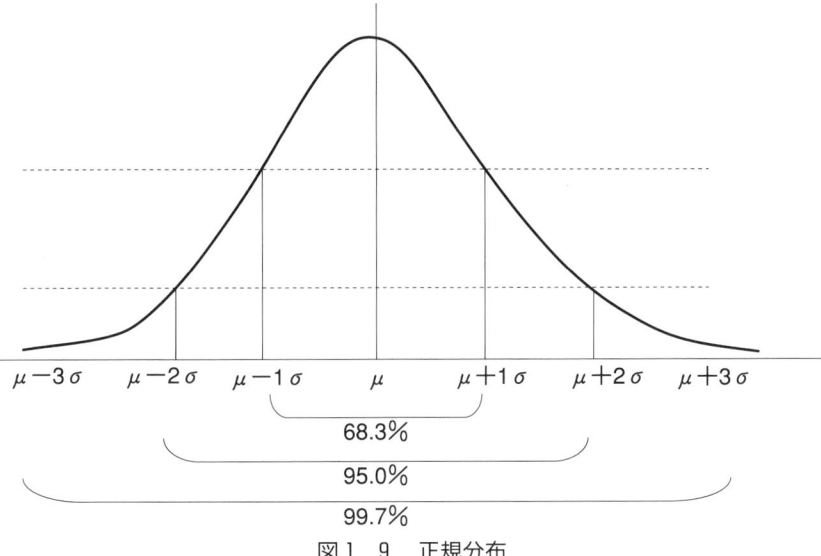
図1.9　正規分布

　ここで、正規分布の平均 μ と標準偏差 σ を用いてデータのばらつきを把握してみよう。図1.9は、ある値 x が正規分布に従うと仮定し、標準偏差 σ によって範囲を特定した場合の生起割合、すなわち生起確率を示したものである。

- $\mu \pm 1 \times \sigma$ の範囲に、データ全体の68.3%が含まれる
- $\mu \pm 2 \times \sigma$ の範囲に、データ全体の95.0%が含まれる
- $\mu \pm 3 \times \sigma$ の範囲に、データ全体の99.7%が含まれる

この図から、平均 μ からみて標準偏差の3倍以上も離れているデータは、ほとんど生起しないデータということができる。このように、ばらつきを掴むことは起こりやすさを測ることでもある。

演習1.2　与えられた株価データについてZスコアを算出し、それぞれの株価について検討せよ。

演習1.3 与えられた株価データについて正規分布を確認し、$\mu \pm 1 \times \sigma$、$\mu \pm 2 \times \sigma$、$\mu \pm 3 \times \sigma$を求めよ。また、生起確率を確認せよ。

1.7　カイ二乗分布

　あるデータを用いて、調査対象すべて（母集団）についてその事象の特徴や傾向を調べるといった場合がある。しかしながら母集団のすべてについて調査できない場合は、母集団のなかからn個のサンプル（標本）をとりだして分析し、その結果から母集団の特徴や傾向について推測することになる。このように、集団の一部のデータ（標本）から集団全体の特徴や傾向を明らかにする手法のことを**推測統計学**という。これは、標本の情報から、推定や仮説検定で推測の妥当性の判断を行い、母集団の状況を推測する統計学である。

　標本から得られた結果を母集団に拡張するためには、標本が変わることによって、求めるデータが変動する標本変動を意識する必要がある。

　仮説を立ててそれを検証する**仮説検定**では、立てた**帰無仮説**を棄却するリスクを、検定結果の**P値**（**有意確率**）として表す。慣習的に5％か1％を有意水準とし、P値がこの有意水準と比較し小さければ棄却してもめったに誤らないこととなり、帰無仮説を棄却することとなる。

　平均μと分散σ^2の正規分布に従う母集団から抽出したn個の無作為標本を考えるとき、

$$\sum_{i=1}^{n}\left(\frac{X_i - \mu}{\sigma}\right)^2 \sim \chi^2(n) \tag{1.12}$$

は、自由度nの**カイ二乗分布**に従う。

　また、$X_1, X_2, \cdots, X_n$を独立で正規分布$N(\mu, \sigma^2)$に従う確率変数とし、標本平均を

$$\bar{X} = \frac{1}{n}\sum_{i=1}^{n} X_i \tag{1.13}$$

不偏分散を

$$\hat{\sigma}_x^2 = \frac{1}{n-1}\sum_{i=1}^{n}(X_i - \bar{X})^2 \tag{1.14}$$

とする。このとき、

$$\sum_{i=1}^{n}\left(\frac{X_i - \bar{X}}{\sigma}\right)^2 \sim \chi^2(n-1) \tag{1.15}$$

は、自由度$n-1$のカイ二乗分布に従う。

〈Excel関数〉 カイ二乗分布の片側確率を求める関数はCHIDIST関数

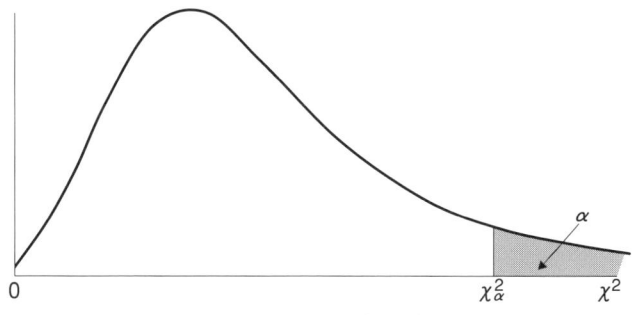

図1.10 カイ二乗分布の確率密度

演習1.4　自由度5、10、20のカイ二乗値を求め、カイ二乗分布を確認せよ。

1.8　t 分 布

平均μと分散σ^2の正規分布に従う母集団から抽出したn個の無作為標本を考えるとき、標本平均$\bar{X}$は平均μと分散$\frac{\sigma^2}{n}$をもつ正規分布に従う。確率変数$\bar{X}$を基準化した変数をZ_nとすると、

$$Z_n = \frac{\bar{X} - \mu}{\sqrt{\frac{\sigma^2}{n}}} \sim N(0, 1) \tag{1.16}$$

は標準正規分布に従う確率変数、またUを自由度kのカイ二乗分布に従う確率変数とすると、Z_nとUが独立ならば、

$$T_k = \frac{Z_n}{\sqrt{\frac{U}{k}}} \tag{1.17}$$

は、自由度kのt分布に従う。

また、$X_1, X_2, \cdots, X_n$を独立で正規分布$N(\mu, \sigma^2)$に従う確率変数とし、標本平均を

$$\bar{X} = \frac{1}{n} \sum_{i=1}^{n} X_i$$

不偏分散を

$$\sigma_x^2 = \frac{1}{n-1} \sum_{i=1}^{n} (X_i - \bar{X})^2$$

とする。このとき、

$$T_n = \frac{\bar{X} - \mu}{\sqrt{\frac{U}{n}}} \tag{1.18}$$

は、自由度$n-1$のt分布に従う。

〈Excel関数〉 t分布の確率を求める関数はTDIST関数

演習1.5 自由度5のt分布を確認せよ。

1.9　F 分布

U を自由度 m のカイ二乗分布に従う確率変数、V を自由度 n のカイ二乗分布に従う確率変数とすると、U と V が独立ならば、

$$Y = \frac{\dfrac{U}{m}}{\dfrac{V}{n}} \tag{1.19}$$

は、自由度 m, n の F 分布に従う。

また、正規母集団からの 2 つの無作為標本を考えるとき、分布 $N(\mu, \sigma^2)$ に従う確率変数とし、大きさ n_A, n_B、標本分散を s_A^2, s_B^2 とすると、標本分散の比率

$$\frac{s_A^2}{s_B^2} \tag{1.20}$$

は、自由度 $(n_A - 1, n_B - 1)$ の F 分布に従う。

〈Excel関数〉 F 分布の確率を求める関数はFDIST関数

演習1.6　自由度 $(n_A - 1, n_B - 1)$ が自由度（10、20）の F 分布を確認せよ。

1.10　その他の基本統計量

第1.4節の基本統計量のところで、平均と中心値が、データのばらつきの中心傾向を表す数値の1つとして説明した。そこでは、平均が代表値といえるのは、データに外れ値がなく、データに歪みがない場合であり、中央値は、データを順番に並べて真ん中に位置する数値であることから、データの値の大きさによらない中心値を掴むことができることを述べた。

データに外れ値や歪みが観測される状態で、ばらつきについて検討する場

合、あるいは外れ値を発見する場合などに、先にあげた基本統計量に加え、**中央値を含む四分位点**、**四分位範囲**、**四分位偏差**などを利用することができる。

　四分位点は、中央値と同様にデータを小さい（大きい）順番に並べて、データの範囲を4等分する3つの値のことを指す。具体的には小さい順から25％点（第1四分位点）、50％点（第2四分位点）、75％点（第3四分位点）といい、それらはExcel関数から算出することもできる。

　50％点（第2四分位点）は中央値（メジアン）となり、データが偶数の場合は、真ん中の2つの平均値となる。

〈Excel関数〉QUARTILE関数

　四分位範囲は、四分位点をもとに25％大きい（第3四分位点を超える）データと、25％小さい（第1四分位点未満）データを捨て、中心値のデータの範囲を掴む統計量である（75％点と25％点との差）。これは、仮に最大値から最小値を差し引いたものを範囲とした場合、外れ値の影響を受けやすいことから、中央の50％の範囲をばらつきの尺度として考えたものである。

　同様の考え方で、中央の80％の範囲を掴む**十分位範囲**、中央の60％の範囲を掴む**五分位範囲**を検討することもある。**四分位偏差**は、四分位範囲の半分の値である。

　四分位をもとに、ばらつきを視覚的に掴めるのが**箱ひげ図**である。これは、データのばらつきの様子を、中心の50％の範囲を表す箱と、箱の両端から伸びたひげを使ってグラフに表したものである。この図は、一般に**四分位グラフ**ともいわれ、分布の歪みを50％点からみた箱の非対称性で掴むことができる。

　図1.11は、銘柄eの株価データのヒストグラムおよび箱ひげ図を示したものである。それぞれの分位点までの間隔は均等ではなく、最小値から25％点のひげの長さと75％点から最大値のひげの長さとに差があり、また、50％

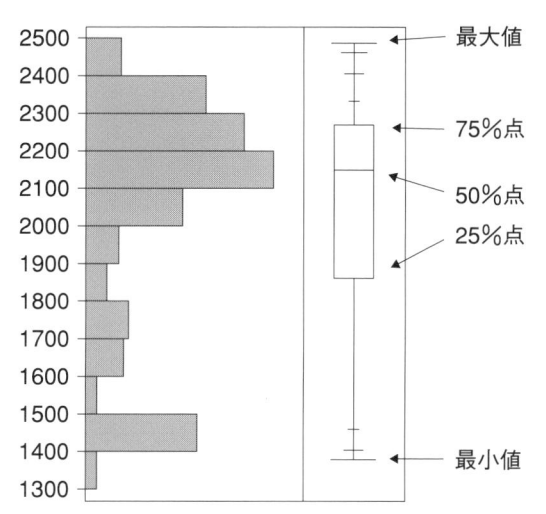

図1.11　銘柄e株価データのヒストグラムおよび箱ひげ図

点からみた25％点と75％点は非対象で、銘柄eの株価データの分布が歪んでいることが視覚的にわかる。

例題1.3

　Excelを使用し、先の例題1.1の5銘柄の株価データで箱ひげ図を作成し、ばらつき方の違いについて確認する。

☆Excelでは、上記のような箱ひげ図を作成するツールは用意されていないが、QUARTILE関数で四分位点を求め、25％点、最大値、最小値、75％点の順で4つのデータテーブルを作成し、「挿入（I）」⇒「グラフ（H）」を指定すると、グラフウィザードが表示されるので、「株価」を指定し、「データ範囲（D）」（株価チャート（始値－高値－安値－終値））にデータテーブルの範囲を指定すると、簡単な箱ひげ図を作成することができる。

　① 四分位点の算出
　　　　＝QUARTILE（配列、戻り値）

戻り値

最小値⇒　0

25%点⇒　1

50%点⇒　2

75%点⇒　3

最大値⇒　4

表1.6　算出された日次株価データの四分位点一覧

		a	b	c	d	e
1	25%点	344	419	299.5	219.5	1873.5
4	最大値	468	550	561	283	2485
0	最小値	215	305	243	165	1376
3	75%点	395	497	471	257	2267.5

② グラフウィザード→「株価」(株価チャート(始値－高値－安値－終値))

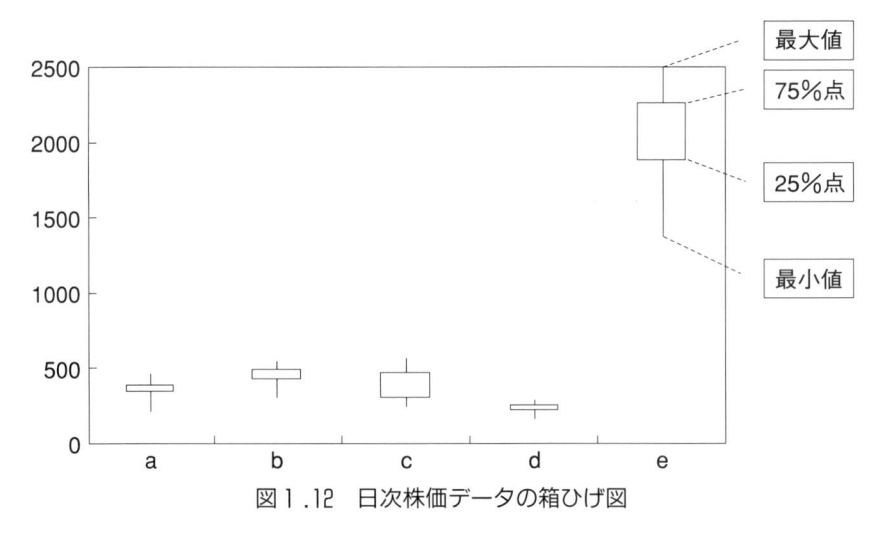

図1.12　日次株価データの箱ひげ図

それぞれグループに分けて作成した箱ひげ図を並べることで、グループに

よるデータのばらつき方の違いを視覚的に比較することができる。

ただし、この方法での箱ひげ図では、50%点からの対称性が不明瞭で、ヒストグラムのように分布が単峰か多峰かチェックできないので、箱の形が長くなるようなら、ヒストグラムとあわせて検討する必要がある。

演習1.7 Excelによって、例題1.3を確認せよ。

1.11 外れ値や異常値の基準

データの特性について読み取る際に、他のデータと大きく離れた値がある場合は、その大きく離れた値の存在によって、推定や分析に重大な影響を受ける可能性もある。そのため、そのような値が出た原因について検討しながら、データの読み取りを行う必要があることを述べてきた。他のデータと大きく離れた値を含んで適正水準としてモデルの推定に用いる場合と、他のデータと大きく離れた値を異常値としてモデルで利用しない場合とでは、推定されるモデルがまったく異なる結果となることも想定される。したがって、モデル構築を行うためには、こうしたデータが異常なのかどうかについて、事前に評価をしておく必要がある。

ここで、具体的に他のデータと大きく離れた**外れ値**と**異常値**の基準を示す。しかしながら、この「外れ値」「異常値」の基準に当てはまるデータが存在しても、この基準はそれらを検出するための目安にすぎず、常に「外れ値」「異常値」であるとは限らない。したがって、「外れ値」「異常値」としてデータから自動的に除外するのではなく、これらのデータを十分に吟味し、統計手法の選択を正しく行ううえでの情報としなければならない。

一般的に「外れ値」の基準として、

下側の外れ値＜25%点－1.5×四分位範囲（中心50%範囲）

上側の外れ値＞75%点＋1.5×四分位範囲（中心50%範囲）

表1.7　日次株価データの外れ値基準および異常値基準

四分位点

	a	b	c	d	e
最小値	215	305	243	165	1376
25%点	344	419	299.5	219.5	1873.5
50%点	373	472	381	244	2155
75%点	395	497	471	257	2267.5
最大値	468	550	561	283	2485
下側　外れ値<	267.5	302	42.25	163.25	1282.5
上側　外れ値>	471.5	614	728.25	313.25	2858.5
下側　異常値<	191	185	−215	107	691.5
上側　異常値>	548	731	985.5	369.5	3449.5

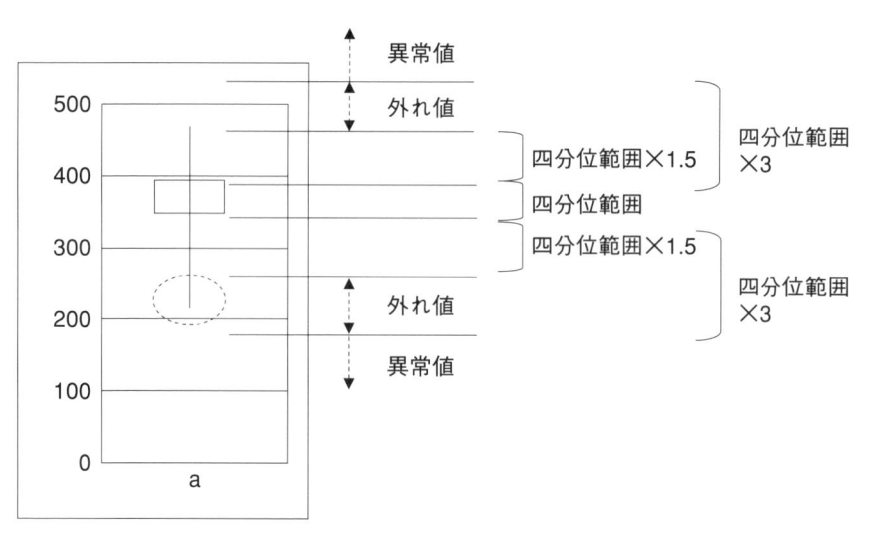

図1.13　銘柄a日次株価データの四分位点・外れ値・異常値

が用いられる。また、「異常値」の基準としては、

　　下側の外れ値＜25％点－3×四分位範囲（中心50％範囲）
　　上側の外れ値＞75％点＋3×四分位範囲（中心50％範囲）

が利用される。表１．７は、例題１．３から算出した四分位点と、上記基準で算出した「外れ値」と「異常値」を示している。図１．７のヒストグラムをみただけでは明らかな外れ値を認めることはなかったが、この基準を照らし合わせると、銘柄ａに外れ値の基準に該当するデータがあることがわかる。

演習１.８　演習１．７のデータについて、外れ値と異常値を確認せよ。

1.12　大きく離れた値の取扱い

　大きくかけ離れた値をもったデータを用いて、データ解析、モデル構築を行う場合、大きくかけ離れた値の存在が重大な影響を与える可能性もある。ここでは、データが正規分布に従うと仮定できた場合の、Thompsonの棄却検定方法、Smirnov-Grubbsの棄却検定法について説明する。これらの方法は、データの平均と標準偏差を用いて算定した統計量の確率変動から、統計量分布の有意水準により「データに含まれるかけ離れた値を異常値としていいか」を仮説検定するものである。

例題１.４

　表１．８は年度別（コード）回収率データ $(x_1, x_2, \cdots, x_{18})$ を示したものである。これらの値をみると、コード９の回収率0.7053が、他の回収率と比較し高い水準となっていることがわかる。このコード９の回収率を、適正水準としてモデルの推定に用いる場合と、異常値としてモデルで利用しない場合とでは、推定されるモデルがまったく異なる結果になることも想定される。そこで、このコード９の回収率を異常値としてよいかについて検討する。な

表1.8　年度別回収率データ

コード	回収率	コード	回収率	コード	回収率
1	0.3629	7	0.3368	13	0.4924
2	0.3715	8	0.3955	14	0.5347
3	0.3568	9	0.7053	15	0.4973
4	0.5370	10	0.5417	16	0.4741
5	0.4234	11	0.4759	17	0.5566
6	0.3627	12	0.4417	18	0.4800

お、このデータは事前に、正規分布であることをシャピロ・ウイルク(shapiro-Wilk)検定によって確認した。

(1) Thompsonの棄却検定

　Thompsonの棄却検定法は、観測値の集合体（標本）のなかにきわめて大きいまたは小さい数値があった場合、それを異常値として除外してよいかについて、統計学的に検定する方法である。前提としては、観測データ（標本）が正規分布に従っている必要がある。

　Thompsonの棄却検定は、以下の式によってt検定を行う。

$$\lambda_i = \frac{\tau_i \sqrt{N-2}}{\sqrt{N-1-\tau_i^2}} \qquad (1.21)$$

　　N：データ数

　　$\tau_i : \tau_i = \dfrac{|x_i - \bar{x}|}{\sqrt{v}}$

　　$v : v = \dfrac{\sum_{i=1}^{N}(x_i - \bar{x})^2}{N}$　（標本分散）

「帰無仮説H_0：データx_9は集合体の他のデータとかけ離れていない」

　この帰無仮説のもとでは、λ_i値は自由度$N-2$のt分布に従う。帰無仮説

H_0が正しければλ_i値は0付近の値となるので、λ_i値の絶対値が大きければ帰無仮説H_0が棄却されることになる。その基準として用いられるのが有意水準であり、t分布の両裾の確率がαとなる値をα有意水準と呼ぶ。この値をt_αと表すと、

$$\lambda_i > t_\alpha$$

となる確率はたかだかαであるから、この式が満たされるときに帰無仮説は棄却される。このt_αの値については、t分布表と呼ばれる統計数値表等を用いて計算することもできる。またExcelのTINV関数でも計算することができる。

表1.8のコード9の回収率データx_9について、(1.21)式を用いてλ_i値を算出すると、λ_9は3.3660となる。

$$\lambda_9 = \frac{2.6547\sqrt{18-2}}{\sqrt{18-1-2.6547^2}} = 3.3660$$

表1.9のt分布表から5％有意水準をみると$t_{0.05}=2.120$であり、λ_9：3.3660＞$t_{0.05}$：2.120となる。したがって、「帰無仮説H_0：データx_9は集合体の他のデータとかけ離れていない」は棄却され、コード9の回収率データx_9は、集合体の他のデータとかけ離れていないとはいえないと結論づけられる。

表1.9 t分布表（$N-2=16$）

自由度($N-2$)	α有意水準					
	0.20	0.10	0.05	0.02	0.01	0.001
16	1.337	1.746	2.120	2.583	2.921	4.015

(2) Smirnov-Grubbsの棄却検定法

Smirnov-Grubbsの棄却検定はThompsonの棄却検定法と同じく、観測値の集合体（標本）のなかにきわめて大きいまたは小さい数値があった場合、それを異常値として除外してよいかについて、統計学的に検定する方法であ

る。前提としては、観測データ（標本）が正規分布に従っている必要がある。

　Smirnov-Grubbsの棄却検定法では、かけ離れたデータが1つのときは検出力が高いが、2つ以上になると、1つのかけ離れたデータが他のかけ離れたデータをみえにくくする傾向があり、そのため検出力が低下するといった特徴があるので注意が必要である。ここで、

　「帰無仮説H_0：データx_9は集合体の他のデータとかけ離れていない」
を検定する。$\hat{\tau}_i$値は以下の式で算出される。

$$\hat{\tau}_i = \frac{|x_i - \bar{x}|}{\sqrt{\hat{v}}} \tag{1.22}$$

$$\hat{v}：\hat{v} = \frac{\sum_{i=1}^{n}(x_i - \bar{x})^2}{N-1} \quad (不偏分散)$$

　（注意）　標本分散によって検定する場合もある。

　表1.8のコード9の回収率データx_9について$\hat{\tau}_9$を算出すると、

$$\hat{\tau}_9 = \frac{|0.7053 - 0.46368|}{\sqrt{0.008773}} = 2.5799$$

となる。Smirnov-Grubbsの棄却限界値$\hat{\lambda}_a$は、

$$\hat{\lambda}_a = (N-1)\left\{\frac{t_{a/N}^2}{N(N-2) + Nt_{a/N}^2}\right\}^{\frac{1}{2}} \tag{1.23}$$

　$t_{a/N}^2$：自由度a/Nのt値

で計算される。Smirnov-Grubbsの棄却検定は、(1.22)式と(1.23)式の比較によって行われる。例題1.4の場合には、

$$\hat{\lambda}_{0.05} = (18-1)\left\{\frac{10.25}{18(18-2) + 18 \times 10.25}\right\}^{\frac{1}{2}}$$

$$= 2.504$$

であるから、Smirnov-Grubbsの棄却限界値から、5％有意水準をみると$\hat{\tau}_9$：2.5799＞$\hat{\lambda}_{0.05}$：2.504となる。すなわち、「帰無仮説H_0：データx_9は集合

体の他のデータとかけ離れていない」は棄却され、コード9の回収率データx_9は集合体の他のデータとかけ離れていないとはいえないと結論づけられる。

例題1.4では、Thompsonの棄却検定方法、Smirnov-Grubbsの棄却検定法のいずれの検定方法でも、データx_9は集合体の他のデータとかけ離れていないとはいえないという結果となった。ここで取り上げたデータでの検討の際に注意が必要なのは、Thompsonの棄却検定やSmirnov-Grubbsの棄却検定では、かけ離れた値があった場合に、かけ離れた値の影響を受けるとされる平均や標準偏差を基礎数値として使用するために、データ数が少ない場合には検出力が高くないということである。このように検定する際には前提などに注意が必要であり、検定方法によって結果は異なる。データに含まれるかけ離れた値を除外してよいかどうかは、そのかけ離れた値がどうして存在するのかをよく検討したうえで判断する必要がある。

演習1.9 表1.8で示したコード9の回収率データx_9が、異常であるかどうかについてThompsonの棄却検定方法、Smirnov-Grubbsの棄却検定法によって検証せよ。

1.13 ま と め

与えられているデータがどのような集合体で、どのようなばらつきがあるか、それらのデータの特性を掴むことが重要な情報を導き出す第一歩になる。そのために、グラフ等を用いて視覚的に把握する方法と統計数値から把握する方法があり、それらの方法から得られる結果をそれぞれ吟味し特性を掴むことが大切である。

統計モデルを適用する場合には、分析しようとするデータが、モデルの前提条件を満たして、はじめてそのモデルが意味をもつ。事前にデータをよく

検討する必要がある。統計値の正しい理解と統計分析の手法を適切に使って評価を行うことが重要となる。

第 2 章

変数間の関係分析

データ解析では、変数間の因果関係などを明らかにすることを目的とする場合も多い。この章では、相関分析、回帰分析、数量化Ｉ類、ロジスティック回帰など、変数間の関係分析をするための統計的手法について解説する。

2.1　相関分析

　データ解析を行う場面では、与えられているデータの変数間の関係を探ることが目的とされる。2つの量的変数のうち、一方の変数値が変化したとき、それに連動する形でもう一方の変数値も変化するような場合、2つの変数の間には**相関**があるという。

　説明したい、あるいは予測したい変数のことを**目的変数（被説明変数）**、説明あるいは予測するのに使用する変数のことを**説明変数**という。リスクの計量を考える際には、たとえば、デフォルト率（目的変数）と何らかのリスク・ファクター（説明変数）との、因果関係や寄与の構造を分析し、目的変数の予測に結びつくルールを見つけることが重要となってくる。

(1) 散布図

　散布図は、2つの量的変数のばらつきを同時にみるために、その変数をそれぞれの座標軸上にプロットしたグラフである。散布図から、2つの変数間についての情報や、2軸上のポジションが確認できる。

　例として、図2.1の"デフォルト率"と"経済指標"の関係を示す散布図をみると、グラフの左上から右下へ右肩下がりの反比例的な傾向がみられる。つまり、経済指標が上がるとデフォルト率が下降し、逆に、経済指標が下がるとデフォルト率が上昇する傾向がみられる。このように、一方の変数の値が増大すると、もう一方の変数の値が減少するような関係を**負の相関**と呼ぶ。逆に、一方の変数の値が増大すると、もう一方の変数の値も増大するような関係を**正の相関**と呼ぶ。

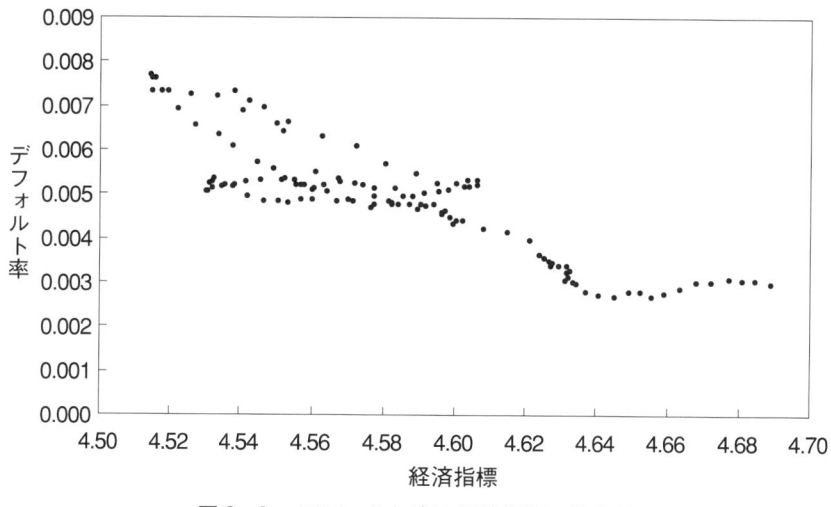

図2.1　デフォルト率と経済指標の散布図

(2) 共分散と相関係数

共分散$\text{Cov}(x, y)$は、変数xと変数yの散布図上でのばらつきを測る指標であり、

$$\text{Cov}(x, y) = \frac{1}{n}\sum_{i=1}^{n}(x_i - \bar{x})(y_i - \bar{y}) \tag{2.1}$$

で計算される。共分散は、変数x_iと平均$\bar{x}$との差と、変数y_iと平均$\bar{y}$との差の積和で表される。したがって、変数xと変数yの変動が同じ方向、つまり変数xの値が上昇したときには変数yの値も上昇する傾向がある場合、共分散の値は正となる。逆に、変数xと変数yの変動が逆方向、つまり変数xの値が上昇したときには変数yの値は下降する傾向がある場合、共分散の値は負となる。このように、共分散の絶対値の大きさは、散布図上での直線傾向にそったデータのばらつきの大きさを表し、その符号は、関係の方向性を表している。(2.1)式で示された共分散の値は、変数xと変数yのスケールをもったものであることに注意が必要である。たとえば、ここで3変数x,

y, zがあり、$\bar{x}=10000$, $\bar{y}=1000$, $\bar{z}=100$であったとする。このとき、Cov(x, y)の水準と、Cov(x, z)の水準は大きく異なるはずである。つまり、Cov(x, y)によって変数xと変数yの関係を知ることはできるが、Cov(x, y)の水準とCov(x, z)の水準の比較によって、変数xと変数yの関係と、変数xと変数zの関係を比較することはできない。

相関係数ρ_{xy}は、共分散Cov(x, y)を各変数での標準偏差で割って、基準化したものである。基準化されているため、データの水準によらず変数xと変数yの関係と、変数xと変数zの関係を相関係数の大きさで比較することができる。

相関係数は、

$$\rho_{xy}=\frac{\mathrm{Cov}(x, y)}{\sigma_x \sigma_y}=\frac{\sum_{i=1}^{n}(x_i-\bar{x})(y_i-\bar{y})}{\sqrt{\sum_{i=1}^{n}(x_i-\bar{x})^2 \sum_{i=1}^{n}(y_i-\bar{y})^2}} \quad (2.2)$$

　　Cov(x, y)：共分散

　　$\sigma_x \sigma_y$：標準偏差

で計算され、絶対値が1に近いほど関係が強く、0に近いほど関係は希薄であることを表す。相関係数が0であるときxとyは**無相関**であるという。標準偏差は正の値をとるので、共分散が正（あるいは負）であることと、相関係数が正（または負）であることは同じである。

ただし、相関係数や共分散は大まかな関係を示しているだけであって、相関係数が正（あるいは負）だからといって、必ずxとyが同じ（あるいは逆の）方向に動くわけではない。

表2.1　相関係数の意味

相関係数	意　　味
＋1	完全な正の相関。散布図は正の傾きをもつ直線を示す。
＋の数値	正の相関関係。1に近いほど正の相関関係が強い。
0	無相関。相関関係（直線的関係）はない。
－の数値	負の相関関係。－1に近いほど負の相関関係が強い。
－1	完全な負の相関。散布図は負の傾きをもつ直線を示す。

例題2.1

　図2.2はデフォルト率と経済指標の関係を時系列的にグラフ化したものである。これらの関係を相関係数によって確認する。

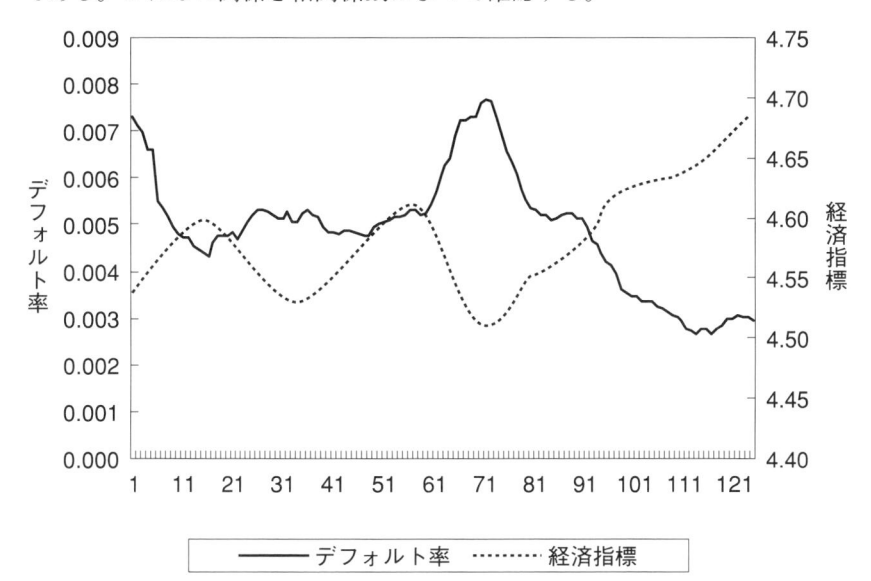

図2.2　デフォルト率と経済指標の推移

☆Excelで相関係数を出力する。「ツール（T）」⇒「分析ツール（D）」を指定すると、次のようなデータ分析画面が表示されるので、「相関」を指定し、OKボタンを押す。

相関の画面が表示されるので、「入力範囲（I）」にデフォルト率と経済指標のデータ範囲を指定、さらに分析結果の出力先を指定する。

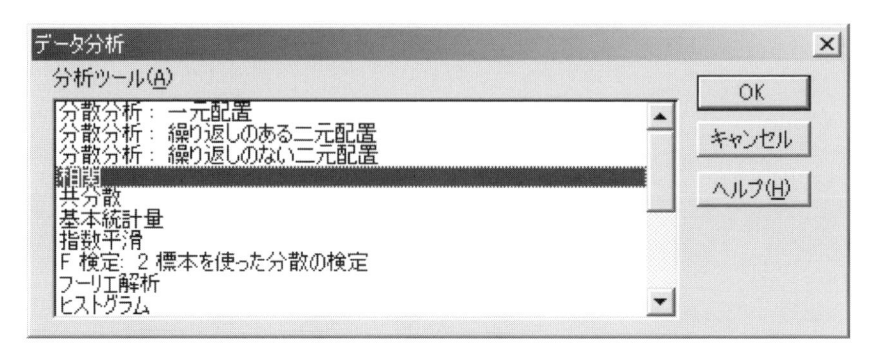

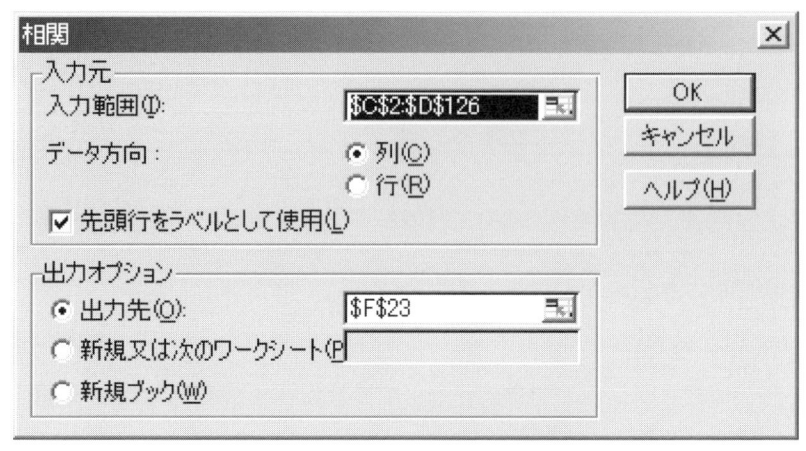

図2.3　分析ツールを使った相関分析

表2.2　相関係数の出力結果

	デフォルト率	経済指標
デフォルト率	1	
経済指標	－0.87285	1

〈Excel関数〉CORREL関数で相関係数を求めることができる。

表2.2は出力された相関係数である。デフォルト率と経済指標の相関係

数は−0.87285と負の相関となっており、相関関係は強いと評価できる。図2.1、図2.2のグラフからもデフォルト率と経済指標の関係を視覚的に確認することができるが、ここでは負の相関のため、図2.2のグラフの経済指標の軸を逆転し相関を視覚的に確認しやすいように表したものが、図2.4である。

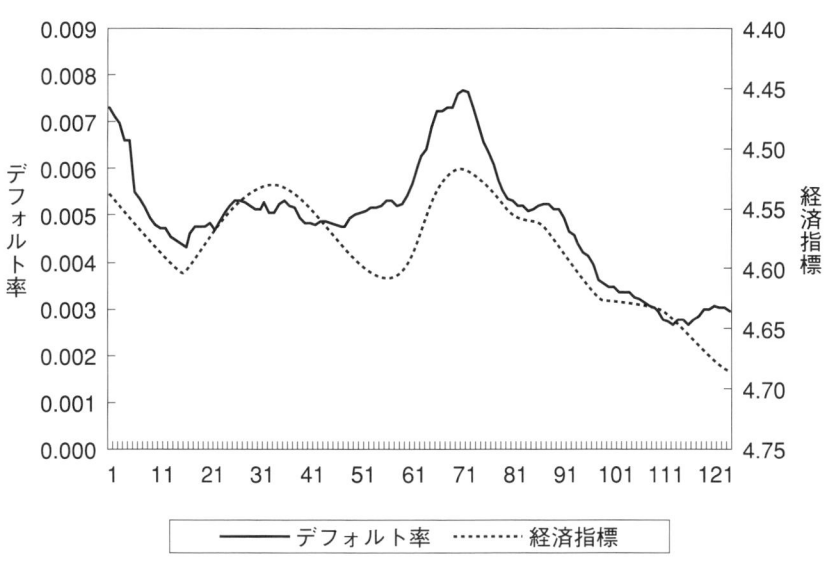

図2.4　デフォルト率と経済指標の推移（経済指標の軸を逆転）

相関係数によって2つの量的変数の関連性の強さを考える際に注意が必要なのは、データに外れ値がある場合に、相関係数は影響を受けやすいということである。そのため相関係数の値のみでデフォルト率と経済指標の関係を確認するだけでなく、散布図を用いて、外れ値と考えられるデータがないか検討する必要がある。

演習2.1 デフォルト率と経済指標の関係を、散布図を作成し検討せよ。

(3) 相関係数の検定

相関係数を計算するためには、ある程度のデータ数があり、それらがある程度集中して直線傾向を示していなければならない。そこで、計算された相関係数が、2つの変数間の線形関係を普遍的に表しているかどうかについて検定をする。

まず、検定統計量 t 値を以下の式で計算する。ただしデータから計算された相関係数を ρ、データ数を n とする。

$$t = \frac{\rho\sqrt{n-2}}{\sqrt{1-\rho^2}} \tag{2.3}$$

この検定統計量は「帰無仮説：$\rho=0$」のもとで自由度 $n-2$ の t 分布に従うので、$|t|>t(n-2, \alpha/2)$ のとき、有意水準 α で帰無仮説を棄却、すなわち相関係数は 0 でないと結論できる。$t(n-2, \alpha/2)$ は、自由度 $n-2$ の t 分布の上側 $\alpha/2$ 点、つまり有意水準 α の両側検定の棄却値を示す。この棄却値を検定統計量の t 値の絶対値が上回っていれば、相関係数は有意に 0 でないことが確認できる。

〈Excel関数〉 t 検定統計量の棄却値をTINV関数で求めることができる。

演習2.2 図2.1で示したデフォルト率と経済指標の相関係数について検定せよ。

2.2 回帰分析

多変量解析を行う場面では、与えられているデータの変数間の関係を探ることになる。先の相関分析では、一方のデータが変化したときに、もう一方の変数のデータも変化があるか、変数間での関係の方向性と関係の強さにつ

いて述べた。回帰分析は、変数間の因果関係や寄与の構造を分析し、説明変数が動いた時に目的変数がどのぐらい変化するのか（影響を受けるのか）、つまり目的変数を説明変数で説明するモデルの一つである。

ただし、ローンのデフォルト率は0～1の範囲に収まる必要があるが、**単回帰分析**や**重回帰分析**ではこの条件を保証することができず、また「非デフォルト」と「デフォルト」という2値変数を取り扱うこともできない。したがって、デフォルト率のような確率そのものを、外性的に求めるようなモデルを構築する場合には、**プロビット・モデル**、**ロジット・モデル**等の**一般化線形モデル**や、生存時間を分析の対象とする**Coxの比例ハザード・モデル**などが適当である。

しかしながら、実務ではデフォルトなどの確率に関係するパラメータの影響力を、線形モデルで評価したいというニーズもあることから、ここでは単回帰モデルの簡単な例を用いて説明する。ただし、こうしたモデルを適用した場合には、確率の条件が満たされていないケースも出てくる可能性があるので注意が必要である。モデルの適用例を表2.3にまとめた。

表2.3　デフォルト確率推定のための統計モデル

モデル	適用例
単回帰モデル	デフォルト率と特定の要因との関係を一次式で表したい
重回帰モデル	デフォルト率と複数の要因との関係を一次結合の式で表したい
ロジット・モデル プロビット・モデル	ある期間内での、デフォルトの発生確率をモデル化したい
Coxの比例ハザード・モデル	デフォルト時点を、顧客クラスなどの特定な要因（共変量）のみで説明し、その他の期間構造などの要因をノンパラメトリックな形でモデルのなかに取り込みたい

2.2.1 単回帰分析

デフォルト率を何らかのリスク・ファクターで推定したい、というニーズに対応する最も単純なモデルは、単回帰モデルである。たとえば、デフォルトは顧客の信用力に反比例して発生し、その信用力は顧客クラスによって評価されていると仮定する。また、デフォルトは、金利などの外部要因によって強い影響を受けるとも考えられる。

この節では、データとして例題2.1で取り上げたn組のデフォルト率(y_i)と経済指標(x_i)の観測されたデータを用い、デフォルト率を経済指標によって説明する単回帰モデルを構築する。

例題2.1では、デフォルト率(y_i)と経済指標(x_i)には負の相関がある、つまり、xが1単位増加するとyが減少するといった関係があることを相関係数から確認した。ここでは、xが1単位増加したときに、yがどの程度の影響を受けるのかをみるために、デフォルト率(y_i)を経済指標(x_i)で説明する単回帰モデルを考える。

まず、散布図上の散らばりの傾向線を求め、経済指標(x_i)がデフォルト率(y_i)に与える効果について表す単回帰モデル$y_i = \beta_0 + \beta_1 x_i + \varepsilon_i, i = 1, 2, \cdots n$を構築する。すなわち、デフォルト率を目的変数($y_i$)、経済指標を説明変数($x_i$)とし、デフォルト率の推定値$\hat{y}_i$を

$$\hat{y}_i = b_0 + b_1 x_i \tag{2.4}$$

という一次式(**回帰直線**)で表す。この式の$b_j (j = 0, 1)$は、β_jの推定値であることに注意しよう。

説明変数(x_i)の傾きb_1は、経済指標水準の値がデフォルト率に与える影響度合いを示している。b_0は、このモデルの場合には経済指標水準が0の場合のデフォルト率としてとらえられる。利用するデータによってはb_0が0であることの解釈がむずかしい場合があり、$b_0 = 0$としてモデルをつくりたい場合もある。このように切片項b_0の値を強制的に0とする処理は、Excelの

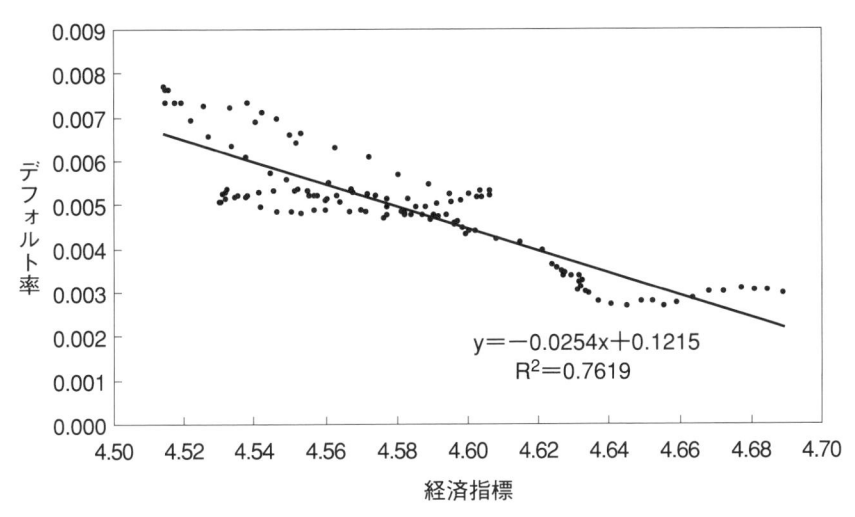

図2.5 デフォルト率と経済指標の回帰モデル

回帰分析でも可能であるが、統計的にはまったく意味のないモデルとなる可能性もあるので十分な注意が必要である。

　図2.1のデフォルト率と経済指標の散布図に傾向線を表示したものが、図2.5である。

☆Excelで散布図から傾向線（回帰直線）の一次式を求める方法は、散布図上のいずれかの点を右クリックし、表示されるメニューから「近似曲線の追加(R)」を選択すると、図2.6の近似曲線の追加画面が表れる。ダイアログボックスの種類タブで「線形近似(L)」を指定し、ダイアログボックスのオプションタブでは「グラフに数式を表示する(E)」と「グラフにR-2乗値を表示する(R)」にチェックを指定し、OKボタンを押す。

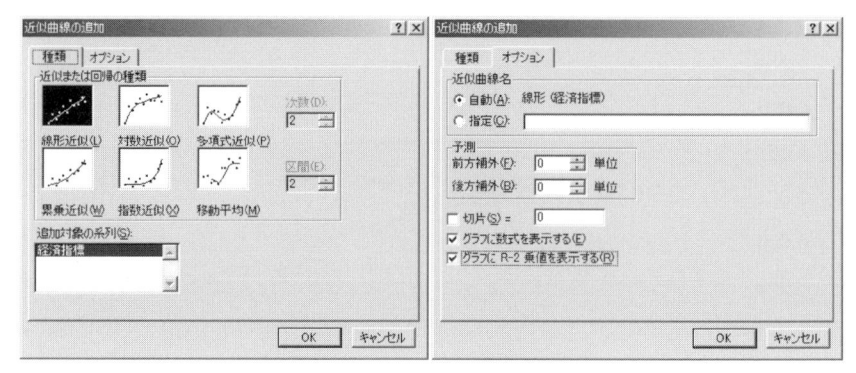

図2.6　Excelで近似曲線の追加

この結果、

$\hat{y}_i = 0.1215 - 0.0254 x_i$

の回帰式が求められる。つまり、経済指標（x）が1単位増加すると、デフォルト率（y）が0.0254減少する傾向があることがわかる。実際のデフォルト率は、直線上にあるわけではなく、散らばっている。実際のデフォルト率（実測値）と推定値との差を**残差**という。つまり、この回帰式から得られる推定値$\hat{y}_i$と実測値y_iの差が、

残差ε_i＝実測値y_i－推定値$\hat{y}_i$

であり、この残差の二乗和

$$Q = \sum_{i=1}^{n} \varepsilon_i^2 = \sum_{i=1}^{n}(y_i - \hat{y}_i)^2 = \sum_{i=1}^{n}(y_i - b_0 - b_1 x_i)^2 \qquad (2.5)$$

が最小になるように、b_0とb_1を決定する方法が**最小二乗法**である。Qを最小とするようなb_0とb_1を求めるには、Qをb_0とb_1とで偏微分してそれらを0とすることで計算できる。すなわち、

$$\begin{cases} \dfrac{\partial Q}{\partial b_0} = -2 \sum_{i=1}^{n}(y_i - b_0 - b_1 x_i) = 0 \\ \dfrac{\partial Q}{\partial b_1} = -2 \sum_{i=1}^{n}(x_i y_i - b_0 x_i - b_1 x_i^2) = 0 \end{cases}$$

とおいてこれらを整理すると、

$$\begin{cases} \sum_{i=1}^{n} y_i = nb_0 + b_1 \sum_{i=1}^{n} x_i \\ \sum_{i=1}^{n} x_i y_i = b_1 \sum_{i=1}^{n} x_i^2 + b_0 \sum_{i=1}^{n} x_i \end{cases}$$

となり、これらの式を解くと

$$b_0 = \bar{y} - b_1 \bar{x} 、 b_1 = \frac{c_{xy}}{\sigma_x^2} \tag{2.6}$$

が得られる。ここでの

$$\bar{x} = \frac{1}{n} \sum_{i=1}^{n} x_i 、 \bar{y} = \frac{1}{n} \sum_{i=1}^{n} y_i$$

はそれぞれデータ (x_i) と (y_i) の平均、

$$c_{xy} = \frac{1}{n-1} \sum_{i=1}^{n} (x_i - \bar{x})(y_i - \bar{y}) \tag{2.7}$$

は標本共分散、

$$\sigma_x^2 = \frac{1}{n-1} \sum_{i=1}^{n} (x_i - \bar{x})^2 \tag{2.8}$$

は標本分散である。

このように、最小二乗法によって回帰直線の傾きb_0と切片b_1のパラメータ値を推定する。

演習2.3 Excelでデフォルト率と経済指標の関係を表す散布図から回帰直線を求めよ。

(1) 単回帰分析の特徴

単回帰モデルの特徴は、点(x_i, y_i)から直線$\hat{y}_i = b_0 + b_1 x_i$への垂直方向の距離の二乗の和が最小化されているということと、回帰直線がx_iとy_iの平均値の座標$(\bar{x}, \bar{y})$を通過するという点である。このことは、平均値$\bar{x}$と実際に

観測されたデータx_iの差異$x_i - \bar{x}$の値が大きいデータの残差ε_iのほうが、相対的に大きなウェイトで評価されることを意味している。これは、図2.7において点pと点qを比較すると、平均値の座標である点(x_i, y_i)を中心として回帰直線が回転した場合、x_iの値が平均値より大きなデータであるq点のほうが、p点よりも残差$\varepsilon_i = y_i - \hat{y}_i$が拡大することが直感的に理解できる。

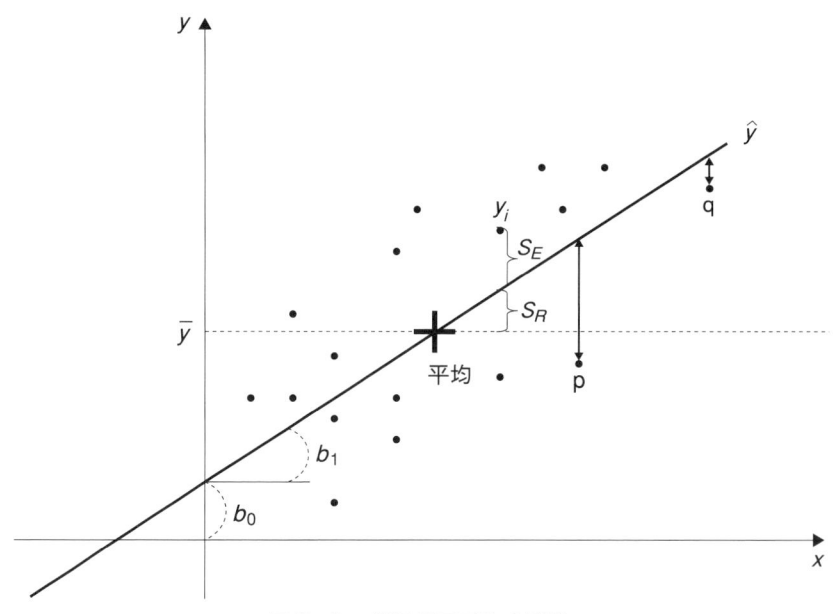

図2.7　単回帰モデルの残差

(2) 単回帰モデルの評価

回帰直線は、目的変数yと説明変数xとの関係を表したものである。この回帰直線が、データの傾向をよく示しているかどうか、直線の周りにデータがどれくらい集中しているかを、評価する必要がある。当てはまりのよさを判断するための指標として、説明変数xの変動が目的変数yの変動の何％を説明するかを示すR^2値（**決定係数**もしくは**寄与率**）等が用いられる。

表2.4は、デフォルト率を経済指標によって説明する単回帰モデルの統計量を表したものである。ここで、単回帰モデルの評価を行う際のそれぞれの統計量について解説する。

表2.4 単回帰モデルの統計量

概要

回帰統計	
重相関R	0.872849
重決定R2	0.7618654
補正R2	0.7599135
標準誤差	0.0006149
観測数	124

分散分析表

	自由度	変動	分散	観測された分散比	有意F
回帰	1	0.000148	0.000148	390.3153	7.98E−40
残差	122	4.61E−05	3.78E−07		
合計	123	0.000194			

	係数	標準誤差	t	P−値	下限95%	上限95%	下限95.0%	上限95.0%
切片	0.1215034	0.005902	20.58559	1.67E−41	0.109819	0.133188	0.109819	0.133188
経済指標	−0.025446	0.001288	−19.7564	7.98E−40	−0.028	−0.0229	−0.028	−0.0229

表2.4の分散分析表にある「変動」の欄に示されているのは、回帰直線とデータのばらつきを評価するための**平方和**と呼ばれる値であり、以下の式で計算される。

回帰（予測値）の変動： $S_R = \sum_{i=1}^{n}(\hat{y}_i - \bar{y})^2$

残差の変動　　　　　： $S_E = \sum_{i=1}^{n}(y_i - \hat{y}_i)^2$

合計（実測値）の変動： $S_T = \sum_{i=1}^{n}(y_i - \bar{y})^2$

予測値の変動 S_R は、y のばらつきのうち x を原因として説明できる部分の大きさを、残差の変動 S_E は x で説明できない部分の大きさを表す。また、合計（実測値）の変動 S_T は、回帰（予測値）の変動 S_R と残差の変動 S_E を合

計したものであり、
$$S_T = S_R + S_E \tag{2.9}$$
という関係がある。

残差の変動S_Eがより小さい回帰式のほうが当てはまりがよいと想定されるが、実測値の変動S_Tに対する残差の変動S_Eの割合としたほうがとらえやすい。そこで、この式の両辺を合計（実測値）の変動S_Tで割ると

$$1 = \frac{S_R}{S_T} + \frac{S_E}{S_T}$$

となり、$\frac{S_R}{S_T}$の値が1に近いほど$\frac{S_E}{S_T}$が0に近づき、当てはまりがよいと考えられる。

このようなR^2を**決定係数（寄与率）**と呼び、

$$R^2 = \frac{S_R}{S_T} \left[= 1 - \frac{S_E}{S_T} \right] \tag{2.10}$$

で定義する。

説明変数xが目的変数yのばらつきにまったく無関係であれば、説明変数xのもつ目的変数yに対する説明力が0ということになる。このときR^2値は0、すなわち寄与率は0％となり、モデルは全体の残差をまったく説明していないことになる。値が1であれば、そのモデルは全体の残差を100％説明することになる。

また、実測値yと予測値$\hat{y}$との相関係数は**重相関係数**と呼ばれるが、決定係数はこの値の二乗であり、重相関係数はRである。また、xとyの相関係数をρ_{xy}とすると、単回帰分析の場合には、R^2はρ_{xy}^2に一致する。

統計量$R^2 = 0.761865$であるから、全体の残差の約76％がこのモデルにより説明されていることがわかる。表2.2で確認した、相関係数$\rho = -0.87285$の二乗と決定係数R^2が一致している。

表2.4の分散分析表にある**分散**とは、平方和を**自由度**pで割ったものであり、

回帰（予測値）の分散：$V_R = \dfrac{S_R}{p}$

残差の分散　　　　　：$V_E = \dfrac{S_E}{n-p-1}$

で計算される。ここで、p は説明変数の個数であり、n はデータ数である。

　決定係数を分析に用いるときに注意が必要なのは、決定係数は説明変数と目的変数の間に何らかの関係があるかどうかについては判断できるが、予測式としての有効性については示していないということである。この例では、目的変数の平均 $\bar{y}$ は0.0049、残差の標準偏差 $s_e(\sqrt{V_E})$ は0.0006149であるので、以下の式で変動係数（C.V.）を計算すると、

$$\text{C.V.} = \dfrac{s_e}{\bar{y}} \times 100 = \dfrac{0.0006149}{0.0049} \times 100 = 12.5507 \tag{2.11}$$

となり、平均値に対する残差の割合はそれほど大きくないことがわかる。

　以下の式で計算される F 値（**分散比**）は、「帰無仮説 $H_0 : \beta_1 = 0$ を検定」することで、回帰式が役に立つのかを調べるためのものである。

$$F_0 = \dfrac{V_R}{V_E} \tag{2.12}$$

　帰無仮説 H_0 は、説明変数 x の回帰モデルの係数が 0（$\beta_1 = 0$）であれば、その説明変数はなくてもよい、すなわちその回帰式は予測に役立たないことを示したものである。したがって、帰無仮説 H_0 が棄却されれば、その回帰式が有用であるということになる。

　F 検定統計量は、自由度 $(p, n-p-1)$ の F 分布に従うことから、

$$F_0 \geq F_{(p, n-p-1)}(\alpha) \tag{2.13}$$

であれば、有意水準 α で帰無仮説 H_0 が棄却される。ただし、$F_{(p, n-p-1)}(\alpha)$ は自由度 $(p, n-p-1)$ の F 分布の α％点を表す。この例では、$\alpha = 0.05$ のとき

$$F_0 = 390.3153 \geq F_{(1, 122)}(0.05) = 3.9188$$

であるから帰無仮説 H_0 は棄却され、この回帰式は予測に役立っているとと

らえられる。なお、次に説明する重回帰分析のときにはこの検定は一般に意味がなく、また単回帰分析のときには後述するb_1検定と同じ意味となる。

表2.5に、分散分析表における計算式をまとめた（p値については後述）。

表2.5　分散分析表の計算

	自由度	変動	分散	F統計量	P値(F)
回帰	p	$S_R = \sum_{i=1}^{n}(\hat{y}_i - \bar{y})^2$	$V_R = \dfrac{S_R}{p}$	$F_0 = \dfrac{V_R}{V_E}$	
残差	$n-p-1$	$S_E = \sum_{i=1}^{n}(y_i - \hat{y}_i)^2$	$V_E = \dfrac{S_E}{n-p-1}$		
合計	$n-1$	$S_T = \sum_{i=1}^{n}(y_i - \bar{y})^2$			

(3) 単回帰モデルの推定値

経済指標xによってデフォルト率yを推定するモデルを、単回帰モデルにより作成すると、$\hat{y}_i = 0.1215 - 0.0254 x_i$を求めることができた。

母集団での**回帰係数**β_0, β_1と、サンプルから推定したb_0, b_1とは一般には一致せず、サンプルのとり方によって異なる値となる。この推定値の標準偏差が**標準誤差**であり、β_1の推定値の標準誤差$D[b_1]$は、

$$D[b_1] = \frac{\sigma}{\sqrt{S_{xx}}} \tag{2.14}$$

で計算される。σは母標準偏差、$S_{xx} = \sum_{i=1}^{n}(x_i - \bar{x})^2$は$x$どうしの偏差平方和である。ところが、母標準偏差$\sigma$は未知であるから、その値として推定値である$\sqrt{V_E}$を用いたのが表2.4の（推定）標準誤差であり、

$$\hat{D}[b_1] = \frac{\sqrt{V_E}}{\sqrt{S_{xx}}} \tag{2.15}$$

で計算される。

t統計量は、b_1の値を（推定）標準誤差で割った、

$$t=\frac{b_1}{\widehat{D}[b_1]} \tag{2.16}$$

であり、「帰無仮説$H_0：\beta_1=0$」のもとでは、この値は自由度$n-2$のt分布に従うため **t値**と呼ばれる。帰無仮説H_0が成立するとき、つまり$\beta_1=0$が正しければt値は0付近の値となるので、t値の絶対値が大きければ帰無仮説が棄却されることになる。

その基準として用いられるのが有意水準であり、t分布の両裾の確率がαとなる値をα有意水準と呼ぶ。この値をt_αと表すと、

$$|t|=\frac{|b_1|}{\widehat{D}[b_1]}>t_\alpha \tag{2.17}$$

となる確率はたかだかαであるから、この式が満たされるときに帰無仮説は棄却される。このt_αの値については、($n-2=122$のとき)、1％有意水準で$t_{0.01}=2.616$、10％有意水準で$t_{0.1}=1.657$などが利用される。表2.4では「経済指標」のt欄の値-19.7564がt値であり、この場合には帰無仮説は1％有意水準で棄却されるので、b_1は（0とはいえないので）意味のある推定値である。

p値とは、t分布において求められたt値の値を実現値が超えてしまう確率のことであり、**有意確率**とも呼ばれる。慣習的には、p値が5％以下であれば「仮説H_0は有意に棄却される」、1％以下であれば「仮説H_0は高度に有意に棄却される」といわれる。

β_1と、その推定値であるb_1が一致する保証はない。そこで、b_1に特定区間に入る確率($1-\alpha$)を定めて、その区間を推定したものが**区間推定**であり、信頼率($1-\alpha$)×100％の信頼区間とも呼ばれる。

$\beta_1\neq 0$という条件のもとで、(2.17)式より

$$\frac{|b_1-\beta_1|}{\widehat{D}[b_1]}\leq t_\alpha$$

となるから、

第2章 変数間の関係分析

$$\beta_1 - t_a \widehat{D}[b_1] \leq b_1 \leq \beta_1 + t_a \widehat{D}[b_1]$$

であり、$(1-\alpha)$ の確率で β_1 が含まれる区間は

$$b_1 - t_a \widehat{D}[b_1] \leq \beta_1 \leq b_1 + t_a \widehat{D}[b_1] \qquad (2.18)$$

で与えられる。表2.4では「経済指標」の下限95％欄の値－0.028が95％の信頼区間の下限値、上限95％欄の値－0.0229が95％の信頼区間の上限値を示している。

(4) 残差分析

　これまで、回帰分析の計算方法と各統計量について説明してきた。しかし、ここで注意が必要なのは、求めたモデルはあくまで仮定された単回帰モデルの前提条件を満たすときにはじめて成り立つという点である。単回帰モデルでは、分析に用いられるデータが母集団からの無作為抽出であることと、単回帰モデルを

$$y_i = \beta_0 + \beta_1 x_i + \varepsilon_i$$

と表した場合、残差 ε_i の確率分布に以下のような仮定が置かれていることを忘れてはならない。したがって、実際のデータ解析ではそれらの仮定が満たされているかどうかの検定や診断を繰り返しながらモデル構築を図ることになる。

　まず、残差 ε_i の確率分布に関する仮定として

　　仮定1　不偏性　　$E[\varepsilon_i] = 0$
　　　　　　残差 ε_i の期待値は常に0

　　仮定2　等分散性　　$V[\varepsilon_i] = \sigma^2$
　　　　　　残差 ε_i の分散は観測時点とは無関係

　　仮定3　残差の系列無相関性　　$E[\varepsilon_i \varepsilon_j] = 0$ 、$i \neq j$
　　　　　　異なる時点の残差 ε_i は互いに無相関

　　仮定4　説明変数と残差の無相関性　　$E[\varepsilon_i(x_i - E[x_i])] = 0$
　　　　　　説明変数と残差は互いに独立

仮定 5　正規性
　　　　残差 ε_i は正規分布に従う

　仮定 1～仮定 4 までが満たされているとき、「標準的な回帰モデル」といわれ、仮定 1～仮定 5 までが満たされているときに「標準的な正規回帰モデル」と呼ばれる。

　次に、回帰分析を診断するための 1 つの手段として用いられる、**残差**と独立変数プロット図について概説する。残差と独立変数プロット図とは、横軸に独立変数 x_i、縦軸に残差をとってプロットしたものであり、残差の振る舞いを調べることを目的としたものである。全体的なばらつきのパターンについて、以下のような関係が成立しているかを直感的に検証することができる。

　①　残差の平均値は 0
　②　残差と予測値 $\hat{y}$ は無相関
　③　外れ値は存在しない

　もし、この図のなかに何らかのパターンが見出せるなら、「本来は曲線で表すべきモデルに直線を当てはめた」というようなモデル選択上の問題や、モデルの前提条件が成り立っていないということが考えられる。残差と予測値 $\hat{y}$ のプロット図も、診断するための手段となる。

☆単回帰分析を Excel で出力する方法は、「ツール(T)」⇒「分析ツール(D)」を指定すると、データ分析画面が表示されるので、「回帰分析」を指定し、OK ボタンを押す。「回帰分析」の画面が表示されるので、「入力 Y 範囲(Y)」にデフォルト率の目的変数を指定、「入力 X 範囲(X)」に経済指標の説明変数を指定、さらに分析結果の出力先を指定する。さらに回帰モデルの前提の検証をするために、「残差グラフの作成」にチェックするとプロット図が作成できる。

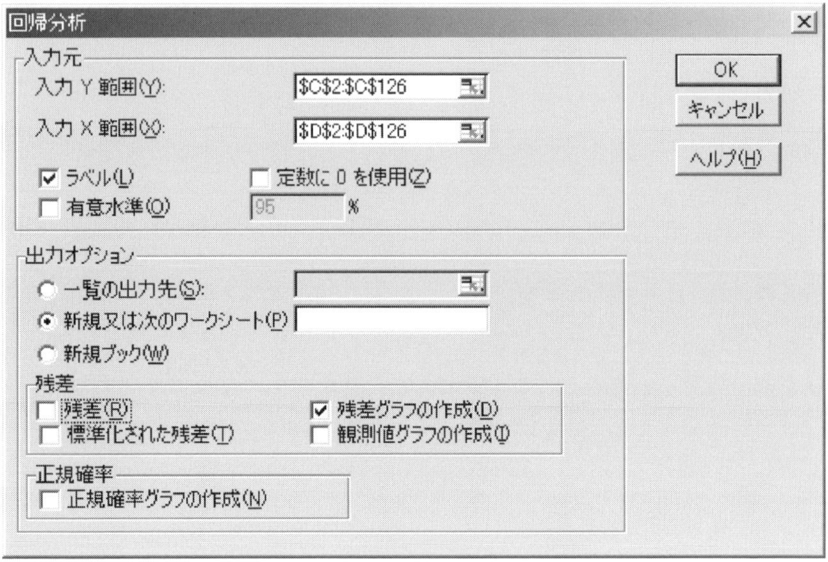

図2.8 回帰分析のメニュー画面

演習2.4　Excelの分析ツールを利用してデフォルト率と経済指標の回帰モデルを確認せよ。

2.2.2 重回帰分析

重回帰モデルは、ある目的変数を複数の説明変数の線形結合で説明するモデルであり、m個の説明変数を用いた場合は

$$\hat{y}_i = \beta_0 + \beta_1 x_{1i} + \beta_2 x_{2i} + \cdots + \beta_m x_{mi} + \varepsilon_i \tag{2.19}$$

として表される。

重回帰モデルで用いられる統計量は単回帰モデルと共通なものが多く、また、モデルの仮定も単回帰モデルの残差ε_iの確率分布に関するものと同じである。重回帰モデルが単回帰モデルと異なる点は、

①　モデル選択の基準

②　共線性

であり、実際のモデル構築にあたっては、これらについて十分に分析しなければならない。また当然のことであるが、こうした分析以前に説明変数に何を用いるかという変数選択の検討が必要なことはいうまでもない。

こうしたモデル選択の基準と共線性について、例題を用いて解説する。

──────── 例題 2.2 ────────

デフォルト率を経済指標で説明する重回帰モデルを検討する。ただし、デフォルト率との経済指標は、季節性や経済指標の単位の大きさを考慮するために、数値変換したものを使用している（時系列データの分析については後述）。

(1) 重回帰モデルの適用

最初に、変数選択については考慮せずに、デフォルト率 y を「長期国債10年利回り x_1」「最終消費支出 x_2」「消費者物価指数 x_3」といった3つの経済要因で説明する重回帰モデルを構築し、各種統計手法の意味や、分析の留意点などについて解説する。

表2.6は、このモデルの出力結果を示したものである。

重回帰モデルでは、各変数の回帰係数を偏回帰係数と呼んでいる。変数 x_k のパラメータ $\beta_k (k=0,\cdots,m)$ の推定値を b_k と表すと、偏回帰係数 b_k は x_k 以外を一定値とし、x_k だけが1単位増加した場合の目的変数 y の増加量の平均である。

推定されたモデルは、

$$\hat{y} = 0.012042 + 0.149205 x_1 - 5.376973 x_2 - 23.797393 x_3$$

である。したがって、「長期国債10年利回り」の偏回帰係数は0.149205であるから、他の変数を一定にした場合、「長期国債10年利回り」が1単位増加するとデフォルト率は0.149205増加することを意味している。

表2.6 デフォルト率を、「長期国債10年利回り」「最終消費支出」「消費者物価指数」で説明する重回帰モデル

概要

回帰統計	
重相関 R	0.8870454
重決定 R2	0.7868496
補正 R2	0.7655345
標準誤差	0.1499114
観測数	34

分散分析表

	自由度	変動	分散	観測された分散比	有意F
回帰	3	2.4888361	0.8296120	36.9152261	3.41188E-10
残差	30	0.6742031	0.0224734		
合計	33	3.1630392			

	係数	標準誤差	t	P-値	下限95%	上限95%
切片	0.012042	0.028440	0.423434	0.674999	−0.046040	0.070125
長期国債10年利回り	0.149205	0.067642	2.205815	0.035198	0.011062	0.287348
最終消費支出	−5.376973	3.000895	−1.791790	0.083259	−11.505617	0.751671
消費者物価	−23.797393	4.685692	−5.078736	0.000019	−33.366853	−14.227932

ただし、重回帰モデルの場合には、説明変数として利用する各データの単位が一般的には異なるため、偏回帰係数の大きさによって単純に影響度の大きさを比較することはできない。こうした説明変数の単位の違いを修正するためには、標準偏回帰係数が用いられる。これは、x_k と y のそれぞれの標準偏差を s_k, s_y とすると、x_k が標準偏差（s_k）分だけ変化したとき、y の変化分はその標準偏差 s_y の何倍に相当するかを示したものであり、x_k の標準偏回帰係数 b_k^* は

$$b_k^* = \frac{s_k}{s_y} b_k \tag{2.20}$$

により計算される。

次に単回帰と同様に、予測式としての有効性について、t 統計量を用いて傾きの検定を行うことを考える。傾き b_1 の t 値は2.20581、p 値は0.03520となって、帰無仮説 $H_0: b_1 = 0$ は5％の有意水準で棄却される。すなわち、

$b_1 = 0$ ではなく、回帰式の傾きb_1は意味がある（モデルとして有効）ということが示されている。傾きb_2のt値は-1.79179、p値は0.08326で帰無仮説$H_0: b_2 = 0$は5％の有意水準で棄却することができない。つまり$b_2 = 0$でないとはいえず、回帰式の傾きb_2は意味がないということが示されている。傾きb_3のt値は-5.07874、p値は0.00002で帰無仮説$H_0: b_3 = 0$は5％の有意水準で棄却される。すなわち、$b_3 = 0$ではなく、回帰式の傾きb_3は意味がある（モデルとして有効）ということが示されている。

(2) モデルの選択

重回帰モデルで注意が必要なのは、たとえば2つの説明変数で作成したモデルに任意の変数を1つ追加すると、決定係数R^2や重相関係数Rが必ず増大してしまうという点である。したがって、モデルに含まれる説明変数の数が異なる場合には、こうした指標を用いてモデル間の説明力の評価はできない。

そこでこの問題を解決するために、**自由度調整済み決定係数**（補正R^{*2}）や**AIC（赤池情報量基準）**が、説明変数の個数が異なる場合の、モデル間の比較に利用される。

まず、自由度調整済み決定係数R^{*2}は(2.10)式で示された決定係数を、以下のように自由度で割って調整したものである。

$$R^{*2} = 1 - \frac{S_E/n-p-1}{S_T/(n-1)} \qquad (2.21)$$

この式と(2.10)式より、決定係数と自由度調整済み決定係数との間には

$$R^{*2} = R^2 - \frac{p}{n-p-1}(1-R^2)$$

という関係があることがわかる。

また、AICは以下の式で計算される**情報量基準**である。

第2章 変数間の関係分析　61

$$\text{AIC} = n\left[\log\left(2\pi\frac{S_E}{n}\right) + 1\right] + 2(p+2) \qquad (2.22)$$

　AICをモデルの評価に用いる場合に注意が必要なのは、AICは情報量ではなく情報量基準であるという点である。つまりAICの値自体には、数値的な評価基準としての意味がある訳ではなく、モデル間のAICの値を相対比較することで、説明力の有意性の大小を比較検討することに用いられる。たとえば、いくつかのモデルについてAICを計算し、最小のAICが計算されたモデルを、そのなかで最適なモデルとしてとらえるのである。

　ここで、デフォルト率の説明に「長期国債10年利回り」と「最終消費支出」の2説明変数を用いるモデルと、「長期国債10年利回り」と「消費者物価指数」の2説明変数を用いた場合の2つのモデルについて、これまでと同様の各種統計量を示すと、各々、表2.7、表2.8のようになる。この2つの説明変数での重回帰モデルでは、「長期国債10年利回り」と「最終消費支出」の2説明変数を用いるモデルの「長期国債10年利回り」の傾きが、t 統計量を用いた検定で有効性があるとはいえなくなっている。

　これまで説明してきたデフォルト率を経済要因で説明するモデルの統計量をまとめたものが表2.9である。これらの統計量から回帰モデルの選択を検討してみる。

　決定係数 R^2 を比較すると、3つの説明変数を用いたモデルが一番高い値を示しており、また、説明変数の増大分を修正した自由度調整済み決定係数 R^{*2} をみても同様である。AICをみると、「消費者物価指数」の1説明変数のモデルが-20.0333であり、そのモデルに「長期国債利回り」を加えた場合には-25.3553とAICが低下したことから、モデルの説明力が上がったことがわかる。全体としてはAICでみても3つの説明変数を用いたモデルが最も高い説明力を示していることがわかる。

　演習2.5　例題2.2について、モデルの説明力を確認せよ。

表2.7 デフォルト率を、「長期国債10年利回り」「最終消費支出」で説明する重回帰モデル

概要

回帰統計	
重相関 R	0.77691
重決定 R2	0.60359
補正 R2	0.57801
標準誤差	0.20112
観測数	34

分散分析表

	自由度	変動	分散	観測された分散比	有意 F
回帰	2	1.90917	0.95458	23.6005	5.9062E−07
残差	31	1.25387	0.04045		
合計	33	3.16304			

	係数	標準誤差	t	P−値	下限95%	上限95%
切片	0.0604	0.0360	1.6795	0.1031	−0.0129	0.1337
長期国債10年利回り	0.1297	0.0906	1.4314	0.1623	−0.0551	0.3145
最終消費支出	−16.3030	2.8068	−5.8085	2.1182E−06	−22.0275	−10.5786

表2.8 デフォルト率を、「長期国債10年利回り」「消費者物価指数」で説明する重回帰モデル

概要

回帰統計	
重相関 R	0.87409
重決定 R2	0.76404
補正 R2	0.74882
標準誤差	0.15516
観測数	34

分散分析表

	自由度	変動	分散	観測された分散比	有意 F
回帰	2	2.41668	1.20834	50.1888	1.9012E−10
残差	31	0.74635	0.02408		
合計	33	3.16304			

	係数	標準誤差	t	P−値	下限95%	上限95%
切片	−0.0063	0.0275	−0.2280	0.8212	−0.0623	0.0498
長期国債10年利回り	0.1833	0.0672	2.7293	0.0104	0.0463	0.3204
消費者物価	−29.8163	3.3812	−8.8182	5.9062E−10	−36.7124	−22.9203

第2章 変数間の関係分析

表2.9 モデル間の統計量の相違

説明変数	n	p	決定係数	自由度調整済み決定係数	S_E	AIC
長期国債10年利回り	34	1	0.17215	0.14628	2.61851	15.3202
最終消費支出	34	1	0.57739	0.56418	1.33675	−7.5403
消費者物価指数	34	1	0.70734	0.69819	0.92570	−20.0333
長期国債10年利回り 最終消費支出	34	2	0.60359	0.57801	1.25387	−7.7164
長期国債10年利回り 消費者物価指数	34	2	0.76404	0.74882	0.74635	−25.3553
最終消費支出 消費者物価指数	34	2	0.75228	0.73630	0.78355	−23.7017
長期国債10年利回り 最終消費支出 消費者物価指数	34	3	0.78685	0.76553	0.67420	−26.8120

(3) 共 線 性

重回帰分析では**共線性（多重共線性）**の問題に注意する必要がある。これは、相関の高い説明変数をモデルのなかに同時に加えると、見かけ上のモデルの説明力が上昇したり、偏回帰係数が求まらない、偏回帰係数の符号が本来のモデルの解釈とは逆転してしまうといった現象が表れ、信頼性の低いモデルとなってしまうことがあるからである。

したがって重回帰分析を行う際には、事前にデータ間の相関分析を行う必要がある。こうした現象が起こる理由は、重回帰分析の偏回帰係数を計算する際に行う分散共分散行列の逆行列の計算にある。すなわち、相関が1に近い場合には逆行列が計算できなかったり、できても誤差が非常に大きなものとなってしまうことがあるからである。

単回帰分析の場合の標準誤差は(2.14)式で示したとおりであるが、単回帰分析で用いた説明変数の偏差平方和S_{xx}と、重回帰分析のなかの1つの説

明変数での偏差平方和S_{11}は等しい。よって、(2.14)式は、

$$\widehat{D}[b_1] = \frac{\sqrt{V_E}}{\sqrt{S_{xx}}} = \frac{\sqrt{V_E}}{\sqrt{S_{11}}}$$

となると考えられる。しかし、これは説明変数間の相関がない場合であり、たとえば2説明変数を用いたモデルでは、1番目の説明変数に対する標準誤差は、1番目と2番目の説明変数の相関をρ_{12}とすると、

$$\widehat{D}[b_1] = \frac{\sqrt{V_E}}{\sqrt{S_{11}(1-\rho_{12}^2)}} \qquad (2.23)$$

で与えられる。

ここで、m個の説明変数を用いた場合の一般形について、証明なしに記述しておく。

$$\text{TOL}_k \equiv 1 - R_k^2 \quad (1 \leq k \leq m) \qquad (2.24)$$

は説明変数kのトレランスと呼ばれ、R_kはm個の説明変数のなかから変数x_kを目的変数、他の$m-1$個の変数を説明変数とした場合の、重回帰分析における重相関係数である。このとき、(2.14)式と同様に、

$$\widehat{D}[b_k] = \frac{\sqrt{V_E}}{\sqrt{S_{kk}\text{TOL}_k}} \qquad (2.25)$$

が成立する。トレランスの逆数をVIF（分散拡大係数）と呼ぶ。

$$\text{VIF}_k \equiv \frac{1}{\text{TOL}_k} \qquad (2.26)$$

VIFは、説明変数間の相関の大きさにより偏回帰係数のばらつきがどれだけ大きくなるかを示しており、高い相関があると、VIFが大きくなり偏回帰係数が有意になりにくくなる。

表2.10で示した3説明変数でデフォルト率を推定するモデルでは、最終消費支出と消費者物価指数のトレランスの値が低く、それと同じ意味になるが分散拡大係数（VIF）の値が高くなっており、共線性の問題の可能性が示唆されている。

表2.10 相関係数と、「長期国債10年利回り」「最終消費支出」「消費者物価指数」の3説明変数での重回帰モデルでのトレランスとVIF

	デフォルト率	国債10年利	最終消費支出	消費者物価
デフォルト率	1			
長期国債10年利回り	0.414912873	1		
最終消費支出	−0.75985872	−0.34619012	1	
消費者物価	−0.84103353	−0.21695175	0.731655998	1

説明変数	トレランス	VIF
長期国債10年利回り	0.8773	1.1398
最終消費支出	0.4278	2.3375
消費者物価指数	0.4632	2.1590

　金融工学で用いるデータ分析では、説明変数間での相関があることが一般的であるので、共線性の分析は重要である。最初に説明変数間の相関構造を十分に検討してから重回帰分析を行うことが必要である。

演習2.6　与えられた、日経平均収益率を業種別株価収益率で説明する重回帰モデルを作成し、共線性の問題について確認せよ。

2.3　数量化Ⅰ類

　目的変数が量的変数、説明変数が質的変数の場合に、質的変数を量的変数に変換し重回帰分析を行い、このモデルから各々の偏回帰係数の効果を比較したり、目的変数を予測することを**数量化Ⅰ類**という。

　説明変数を質的変数から量的変数へ変換する方法や、偏回帰係数の読み取り方について、例題を用いて解説する。

> **例題 2.3**

　天候デリバティブの価格を検討するために、売上高、平均気温、曜日のデータを用い、平均気温が変動すると売上高がどのくらい変化するかを曜日によって説明する重回帰モデルを作成する。土曜日、および日曜日の平均気温あたりの売上高が、それ以外の曜日の平均気温あたりの売上高の何倍あるのかを検討する。

(1) ダミー変数の作成

　説明変数となる曜日が**質的変数**のため、**量的変数**のデータに置き換えて平均気温あたりの売上高を説明する重回帰分析を行う方法を考える。土曜日、日曜日とそれ以外の曜日の3つについて、それぞれのカテゴリーを作成し、曜日に該当しているかの（有, 無）を（1, 0）で対応するダミー変数に変換する。「土曜日」「日曜日」「それ以外の曜日」のダミー変数は、土曜日の場合（1, 0, 0）、日曜日の場合は（0, 1, 0）、それ以外の曜日の場合は（0, 0, 1）となる。

　ここで平均気温あたりの売上高$\hat{y}$を説明するモデルは、

$$\hat{y} = \beta_0 + \beta_1 x_1 + \beta_2 x_2 + \beta_3 x_3$$

で表される。x_1は土曜日のダミー変数、x_2は日曜日のダミー変数、x_3はそれ以外の曜日を表すダミー変数である。たとえば、土曜日に該当するデータの場合には、

$$\{x_1 = 1, x_2 = 0, x_3 = 0\}$$

というダミー変数の組合せで説明変数をとらえる。

　いまダミー変数は、全データの必ずどれかの説明変数に対応し、2個のダミー変数が区分できれば、3個を完全に区分することができる。そのため、1個のダミー変数が冗長（不要）となるため、「それ以外の曜日」を除いた、

$$\hat{y} = \beta_0 + \beta_1 x_1 + \beta_2 x_2$$

というモデルで分析すればよいことになる。それ以外の曜日についてはすべ

表2.11 売上高、平均気温、曜日データ一覧

曜日	売上高(円)	平均気温	平均気温あたりの売上高(千円)	土曜	日曜	土日以外
月曜	8,167,574	25.2	324.1	0	0	1
火曜	8,355,428	24.5	341.0	0	0	1
水曜	8,033,521	25.9	310.2	0	0	1
木曜	7,240,719	27.7	261.4	0	0	1
金曜	8,365,069	24.7	338.7	0	0	1
土曜	13,393,470	26.7	501.6	1	0	0
日曜	17,850,508	27.9	639.8	0	1	0
月曜	8,014,514	30.0	267.2	0	0	1

てのダミー変数の値が0という状態で表すことができる。

$\{x_1 = 0, x_2 = 0\}$

この例題では、曜日についてダミー変数を作成したが、たとえば説明変数として、曜日のほかに、地域という質的変数が加わったとしても、同様の方法で、ダミー変数を作成し、重回帰分析を行うことを考える。つまり、曜日が3区分された場合のダミー変数x_{11}, x_{12}, x_{13}、地域が4区分された場合のダミー変数$x_{21}, x_{22}, x_{23}, x_{24}$であるケースでは、それぞれの質的変数についてダミー変数を1個減らして重回帰分析を行う。すなわち、ダミー変数はx_{11}, x_{12}およびx_{21}, x_{22}, x_{23}を説明変数として重回帰分析を行えばよいことになる。

表2.11は、売上高、平均気温、曜日のデータから、曜日のダミー変数を作成し追加したものである。

(2) ダミー変数を用いた回帰分析

表2.11の土曜日と日曜日のダミー変数を説明変数として、平均気温あたりの売上高を説明する重回帰モデルを作成した出力結果が、表2.12である。

表2.12　平均気温あたりの売上高を、曜日で説明する重回帰モデル

概要

回帰統計	
重相関R	0.898052
重決定R2	0.806497
補正R2	0.806212
標準誤差	44.32427
観測数	1364

分散分析表

	自由度	変動	分散	観測された分散比	有意F
回帰	2	11144377	5572188.6	2836.238	0
残差	1361	2673876	1964.6409		
合計	1363	13818253			

	係数	標準誤差	t	P-値	下限95%	上限95%
切片	304.80	1.4202	214.6085	0	302.0097	307.5819
土曜	151.04	3.4700	43.5272	5E−260	144.2315	157.8457
日曜	236.49	3.4848	67.8638	0	229.6581	243.3305

推定された回帰式は、

$$\hat{y}_i = 304.8 + 151.04 x_1 + 236.49 x_2$$

となる。

　自由度調整済み決定係数 R^{*2} は0.80621となっており、全体の残差の約80.6%がこのモデルにより説明されていることになる。

　切片 b_0 については、t 値＝214.6085、p 値＝0となっており、「帰無仮説 $H_0：b_0 = 0$」は5%の有意水準で棄却される。すなわち、$b_0 = 0$ ではなく、回帰式の切片は意味がある（モデルとして有効）ということが示されている。同様に、傾き b_1 の t 値＝43.5272、p 値＝5E−260であり、傾き b_2 の t 値＝67.8638、p 値＝0となっており、回帰式のそれぞれの傾きは有意であることがわかる。

　回帰式を当てはめ推定された平均気温あたりの売上高は、それ以外の曜日

のダミー変数が$\{x_1=0, x_2=0\}$となるので

$\quad \hat{y}_i = 304.8 + 151.04 \times 0 + 236.49 \times 0 = 304.8$

となる。土曜日のダミー変数は$\{x_1=1, x_2=0\}$となるので

$\quad \hat{y}_i = 304.8 + 151.04 \times 1 + 236.49 \times 0 = 455.8$

日曜日のダミー変数は$\{x_1=0, x_2=1\}$となるので

$\quad \hat{y}_i = 304.8 + 151.04 \times 0 + 236.49 \times 1 = 541.3$

となる。

ここで、土曜日および日曜日の平均気温あたりの売上高が、それ以外の曜日の平均気温あたりの売上高を1とした場合に、その何倍に相当するのかを考えると、土曜日は1.5倍、日曜日は1.78倍と推定されることがわかる。

このように、説明変数にかかる偏回帰係数の値は、説明変数の効果、つまり曜日のなかの土曜日、日曜日、それ以外の曜日の相対的な効果の大きさを表している。

数量化Ⅰ類では、説明変数が質的変数である場合に、偏回帰係数によって説明変数の効果を比較分析するときに用いられる。

演習2.7 例題2.3について数量化Ⅰ類で、土曜日および日曜日の平均気温あたりの売上高が、それ以外の曜日の平均気温あたりの売上高の何倍あるのか確認せよ。

2.4　ロジスティック分析

ロジスティック分析は、値として0～1の範囲に収まる必要があるデフォルト率の推定に際し、デフォルト率を回帰分析のような何かのファクターの線形結合で表現したい場合に利用される、**一般化線形モデル**の代表的な手法の1つである。

ここでは、ロジスティック分析について、きわめてシンプルな例題を用い

て解説する。

例題2.4

デフォルト率を企業の格付で説明するロジスティックモデルを構築する。

(1) ロジスティックモデルの適用

デフォルト率を目的変数（p）、格付を説明変数（x_i）とし、デフォルト率の推定値を、

$$p = \frac{1}{1+\exp\{-(b_0+b_1 x)\}} \tag{2.27}$$

の連結関数で表す。一般化線形モデルでは連結関数の逆関数を利用する必要があるので、逆関数が解析的に求められることが望ましい。そこで、$\log\frac{p}{1-p}$を目的変数として、

$$\log\frac{p}{1-p} = b_0 + b_1 x_i \tag{2.28}$$

で回帰分析を行う。このようなモデルがロジスティック回帰モデルである。なお、pに対するこのような対数変換をロジット変換という。

目的変数をロジット変換してロジスティック分析をしたケースが表2.13であり、デフォルト率と推定したデフォルト率を表したものが図2.8である。これらの関係をみてみると、切片項のp値は3.98E−33であるので、

　　帰無仮説H_0：「切片項は0である」

は、5％有意水準で棄却できる。すなわち回帰式の切片は意味がある（モデルとして有効）。また、格付x_iのp値は1.4E−18であり、5％有意水準で

　　帰無仮説H_0：「格付x_iの傾きは0である」

は棄却できる。すなわち、回帰式の傾きは有意である。したがって、このデータをもとにしたロジスティック分析のモデルは、

$$\hat{p}_i = \frac{1}{1 + e^{-0.099396 x_i + 5.90447}}$$

となる。

表2.13　デフォルト率と格付のロジスティック回帰モデル

概要

回帰統計	
重相関R	0.948735
重決定R2	0.900098
補正R2	0.89716
標準誤差	0.353972
観測数	36

分散分析表

	自由度	変動	分散	観測された分散比	有意F
回帰	1	38.38241	38.38241	306.3332	1.4E−18
残差	34	4.260074	0.125296		
合計	35	42.64248			

	係数	標準誤差	t	P−値	下限95%	上限95%
切片	−5.90447	0.120493	−49.0028	3.98E−33	−6.14934	−5.6596
格付	0.099396	0.005679	17.50238	1.4E−18	0.087855	0.110938

(参考) 指数と対数

・expはexponential (指数) の略

指数関数 $y = a^x$ の底に $e = 2.71828\cdots$ を用いたものを自然指数関数 $y = e^x$ という。

$$e \equiv \lim_{n \to \infty} \left(1 + \frac{1}{n}\right)^n$$

で定義される。

・logはlogarithm (対数) の略

対数関数は、指数関数の逆関数であり、$x = \log_a y$、つまり x は a を底と

する y の対数関数となる。$a=10$ とした対数は常用対数、$a=e$ とした対数は自然対数という。

図2.9　デフォルト率と推定したデフォルト率（ロジスティックモデル）

Excelで対数関数を使う場合には、以下のように定義されていることに注意する。

　　LN（数値）　　　：自然対数

　　LOG（数値、底）：指定された底の対数

　　LOG10（数値）　：常用対数（底が10の対数）

　　LOG（数値）　　：　　　　〃

また、Excel－VBAでは、

　　LOG（数値）　　：自然対数

で定義されており、指定された底の対数を計算するためには、底の変換公式を利用し、

　　LOG（数値）／LOG（底）

第2章　変数間の関係分析　73

の形で計算しなければならない。

> **演習2.8** 例題2.4について、デフォルト率を推定するモデルを確認せよ。

2.5 まとめ

　この章では、変数間の関係を探るための回帰分析、数量化Ⅰ類、ロジスティック分析などの手法について解説し、統計値を正しく判断するための方法について解説した。一方、統計モデルには前提条件があり、用いるデータがこうした前提を満たしているときにはじめて、統計手法が利用できる。したがって、分析の第一歩は、データの特性、特に分布の形に対する分析が重要となる。また、デフォルト率などの確率事象を取り扱う場合には、回帰分析ではなくロジット・モデル等の一般化線形モデルなどを適当とすべきである。これは目的変数であるデフォルト率は0～1の範囲のデータであり、通常の回帰分析などではこのデータ範囲を保証できないからである。

第 3 章

グループ間の差異分析

デフォルトの分析をする局面では、デフォルトした企業と、しなかった企業について、データからみた特性の違いを明らかにすることが求められるケースが多い。この章では、判別分析、一元配置分析などの方法によって、グループ間のデータからみた違いをみるための統計的手法について解説する。

3.1 判別分析

グループの存在がわかっていて、すでに収集されているデータに基づいて新しいデータが、どのグループに属するかを予測するのが判別分析である（これに対し、観測されているデータに基づいてグループ分けするのは分類といい、クラスター分析等があげられる）。たとえば、2値変数の代表としてデフォルトと正常という2つの局面を想定する。そして、デフォルトしているグループと正常なグループとを比較し、それぞれのグループに、リスク・ファクターなどからみた差異があることが説明できれば、デフォルトするグループか、正常なグループか予測が可能であると考えるのである。目的変数が質的変数、説明変数が量的変数であるのが基本である。

この判別分析を行うために、

① マハラノビスの距離
② 線形判別関数による判別

などの方法が適用される。ここではごく簡単な概略と、例題を用いて重回帰分析を適用した判別分析について解説する。

(1) マハラノビスの距離

マハラノビスの距離による判定では、グループ1の重心までの距離とグループ2の重心までの距離として、**マハラノビスの距離** $D_1^2(x_1, x_2, \cdots, x_n)$ と $D_2^2(x_1, x_2, \cdots, x_n)$ を計算し

$D_1^2(x_1, x_2, \cdots, x_n) < D_2^2(x_1, x_2, \cdots, x_n) \Rightarrow$ グループ 1 に属する

$D_1^2(x_1, x_2, \cdots, x_n) > D_2^2(x_1, x_2, \cdots, x_n) \Rightarrow$ グループ 2 に属する

と判定する。

⑵　線形判別関数による判別

線形判別関数、

$$z = a_1 x_1 + a_2 x_2 + \cdots + a_n x_n + a_0$$

にデータ $(x_1, x_2, \cdots, x_n)$ を代入した値をそのデータの判別得点といい、その値が正か負かによってグループを判定する。

⑶　重回帰分析を当てはめた判別分析

判別分析は回帰分析と同様に、目的変数と説明変数に分かれ、たとえば、デフォルトしているか正常かのグループを表す質的変数が目的変数、リスク・ファクターなどのグループの判別に使う量的変数が説明変数となる。目的変数が質的変数になっていることが、回帰分析との違いとなっているが、目的変数を数値化すれば重回帰分析で処理することが可能となる。そこで目的変数を

　　グループ 1（デフォルト）⇒ 1

　　グループ 2（正常）　　　⇒ 0

と数値化し、重回帰分析を行い回帰式から求められた $\hat{y}_i$ の値を用い判別を行う。

$$\hat{y}_i = b_0 + b_1 x_1 + b_2 x_2$$

判別は、グループ 1 のデータ数を n_1、グループ 2 を n_2 で、

$$c = \frac{n_1}{n_1 + n_2}$$

の場合に、$\hat{y}_i > c$ ならばグループ 1、$\hat{y}_i < c$ ならばグループ 2 と判別する。

ここで、各グループのデータ数 n_1、n_2 が変化すると c も変化してしまうの

で、c が 0 になるように目的変数の数値化を工夫する。（　）内は $n_1=30$、$n_2=20$ の場合の目的変数 y を数値化した例を表示している。

$$\begin{cases} \text{グループ1の数値化した目的変数 } y=1\text{、}(y=1) \\ \text{グループ2の数値化した目的変数 } y=-\dfrac{n_1}{n_2}\text{、}\left(y=-\dfrac{30}{20}=-1.5\right) \end{cases}$$

とすると y の平均値が 0 になるため、回帰式から求めた $\hat{y}$ の値が正か負かで判別できる。

この他に y の平均値が 0 となる方法として、

$$\begin{cases} \text{グループ1の数値化した目的変数 } y=n_2\text{、}(y=20) \\ \text{グループ2の数値化した目的変数 } y=-n_1\text{、}(y=-30) \end{cases}$$

$$\begin{cases} \text{グループ1の数値化した目的変数 } y=\dfrac{n_2}{n_1+n_2}\text{、}\left(y=\dfrac{20}{30+20}=0.4\right) \\ \text{グループ2の数値化した目的変数 } y=-\dfrac{n_1}{n_2}\text{、}\left(y=-\dfrac{30}{30+20}=-0.6\right) \end{cases}$$

等があげられる。いずれも y の平均値が 0 となるので、$\hat{y}_i>0$ ならばグループ 1、$\hat{y}_i<0$ ならばグループ 2 と判別することが可能となる。

例題 3.1

デフォルトしているか正常かの状態を表す変数と、リスク・ファクター x_1, x_2 に、何らかの関係があると仮定して、重回帰式を当てはめる方法で判別分析を実行したケースを考える（データについては表 3.2 に示す）。

まず、デフォルトしているか正常かの状態を表す目的変数 y を、数値化することを考える。この例題では、デフォルトのデータ数 $n_1=30$、正常のデータ数 $n_2=20$ であるため、デフォルトしているグループを $y=1$、正常のグループを $y=-1.5$ と数値化し、リスク・ファクター x_1, x_2 で説明する重回帰式を当てはめる。

☆Excel で「ツール（T）」⇒「分析ツール（D）」を指定すると、データ分析画面が表示されるので、「回帰分析」を指定し、OK ボタンを押す。「回帰

分析」の画面が表示されるので、「入力 Y 範囲（Y）」に数値化した目的変数を指定、「入力 X 範囲（X）」にリスク・ファクター x_1, x_2 の説明変数を指定、さらに分析結果の出力先を指定する。

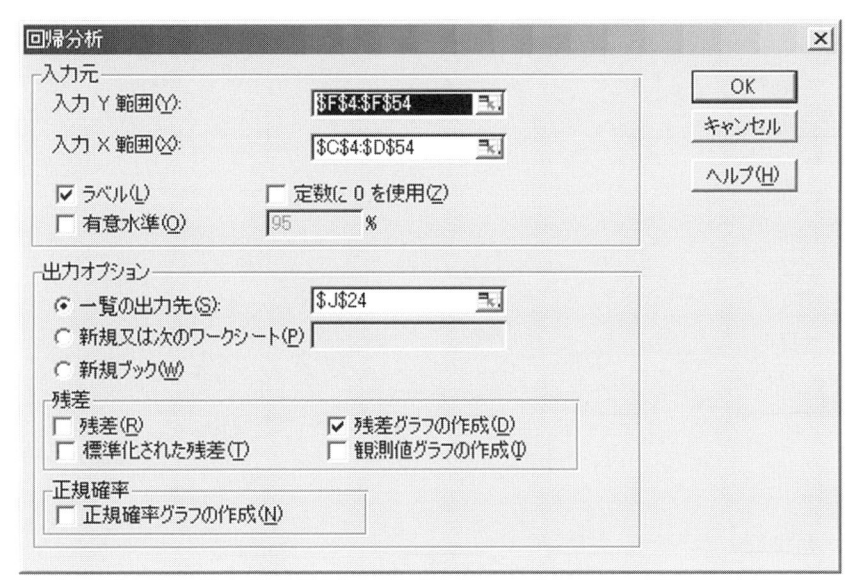

図3.1　回帰分析のメニュー画面

　重回帰分析を適用した結果が表3.1である。デフォルトと正常に分けたグループと、リスク・ファクター x_1, x_2 との間には、

　　$\hat{y} = -3.4075045 + 0.02069147 x_1 + 0.09303724 x_2$

という関係があることがわかる。

　これらの関係をみてみると、切片項の p 値は2.7199E−13あるので、

　　帰無仮説 H_0：「切片項は0である」

は、5％有意水準で棄却でき、また、リスク・ファクター x_1 の p 値は8.5609E−12、リスク・ファクター x_2 の p 値は7.9874E−06であり、いずれも5％有意水準で

　　帰無仮説 H_0：「リスク・ファクター x の傾きは0である」

第3章　グループ間の差異分析　79

表 3.1　状態グループを説明するリスク・ファクター x_1, x_2 の重回帰モデル

概要

回帰統計	
重相関 R	0.83793178
重決定 R2	0.70212967
補正 R2	0.68945434
標準誤差	0.68943817
観測数	50

分散分析表

	自由度	変動	分散	観測された分散比	有意 F
回帰	2	52.6597254	26.3298627	55.3933901	4.3615E−13
残差	47	22.3402746	0.47532499		
合計	49	75			

	係数	標準誤差	t	P−値	下限95%	上限95%
切片	−3.4075045	0.33903256	−10.050671	2.7199E−13	−4.0895501	−2.725459
x_1	0.02069147	0.002299	9.00019469	8.5609E−12	0.01606647	0.02531647
x_2	0.09303724	0.01855061	5.01531816	7.9874E−06	0.05571821	0.13035626

は棄却される。

　この回帰式において、算定された $\hat{y}$ が正ならばデフォルト、$\hat{y}$ が負ならば正常と判別できる。

　このように、デフォルトと正常との2つのグループがわかっているデータのリスク・ファクター x_1, x_2 に、そのグループによる差異があるならば、新しいデータについて、どちらのグループに属するのか予測することができる。

　この回帰式の有効性を確認するために、判別結果 $\hat{y}$ が実際の状態 y をどれぐらい表しているか、判別率を算定する。表3.2は判別結果を一覧にしたものである。No.2とNo.16が実際にはデフォルトであるが、判別分析の結果では正常のグループとなっていて、判別率は96%（判別結果が一致したデータ48／全データ50）である。この判別率が低いときには説明変数であるリスク・ファクター x_1, x_2 を用いることについて、再度吟味する必要がある。

表3.2 判別結果

No.	x_1	x_2	状態	状態	予想値	判定	No.	x_1	x_2	状態	状態	予想値	判定
1	110	20	デフォルト	1	0.7293	デフォルト	31	36	2	正常	-1.5	-2.477	正常
2	120	6	デフォルト	1	-0.366	正常	32	36	4	正常	-1.5	-2.29	正常
3	120	21	デフォルト	1	1.0293	デフォルト	33	52	10	正常	-1.5	-1.401	正常
4	120	21	デフォルト	1	1.0293	デフォルト	34	60	3	正常	-1.5	-1.887	正常
5	120	21	デフォルト	1	1.0293	デフォルト	35	60	5	正常	-1.5	-1.701	正常
6	132	8	デフォルト	1	0.0681	デフォルト	36	60	7	正常	-1.5	-1.515	正常
7	132	10	デフォルト	1	0.2541	デフォルト	37	72	5	正常	-1.5	-1.453	正常
8	132	12	デフォルト	1	0.4402	デフォルト	38	84	2	正常	-1.5	-1.483	正常
9	132	18	デフォルト	1	0.9984	デフォルト	39	84	8	正常	-1.5	-0.925	正常
10	138	6	デフォルト	1	0.0061	デフォルト	40	96	5	正常	-1.5	-0.956	正常
11	144	6	デフォルト	1	0.1303	デフォルト	41	96	9	正常	-1.5	-0.584	正常
12	144	7	デフォルト	1	0.2233	デフォルト	42	108	6	正常	-1.5	-0.615	正常
13	144	11	デフォルト	1	0.5955	デフォルト	43	108	10	正常	-1.5	-0.242	正常
14	144	11	デフォルト	1	0.5955	デフォルト	44	116	6	正常	-1.5	-0.449	正常
15	144	13	デフォルト	1	0.7816	デフォルト	45	120	3	正常	-1.5	-0.645	正常
16	150	3	デフォルト	1	-0.025	正常	46	120	4	正常	-1.5	-0.552	正常
17	155	9	デフォルト	1	0.637	デフォルト	47	120	6	正常	-1.5	-0.366	正常
18	156	3	デフォルト	1	0.0995	デフォルト	48	122	2	正常	-1.5	-0.697	正常
19	156	9	デフォルト	1	0.6577	デフォルト	49	132	3	正常	-1.5	-0.397	正常
20	156	12	デフォルト	1	0.9368	デフォルト	50	135	2	正常	-1.5	-0.428	正常
21	180	17	デフォルト	1	1.8986	デフォルト							
22	185	3	デフォルト	1	0.6995	デフォルト							
23	186	7	デフォルト	1	1.0924	デフォルト							
24	186	9	デフォルト	1	1.2784	デフォルト							
25	190	6	デフォルト	1	1.0821	デフォルト							
26	190	8	デフォルト	1	1.2682	デフォルト							
27	191	2	デフォルト	1	0.7306	デフォルト							
28	191	4	デフォルト	1	0.9167	デフォルト							
29	191	7	デフォルト	1	1.1958	デフォルト							
30	202	3	デフォルト	1	1.0513	デフォルト							

演習3.1 例題3.1について判別分析を行い、判別結果について検討せよ。

3.2 一元配置分析

　2つ以上のグループがある場合に、グループ間の水準の違いを比較するための手法の1つとして一元配置分析がある。これは、グループ間の平均の比較を用いる手法であり、平均値の検定を行う場合にはこの分散分析を利用する。標準的な分散分析では、グループ平均を中心にデータが正規分布で等分散であることを前提とする。なお、目的変数が量的変数、説明変数が質的変数であるのが基本である。

　たとえば、デフォルト基準によってデフォルトとして認識された取引先と、正常完済した取引先を2つのグループに分類し、それらのグループに属する取引先の属性に差異があるかどうかについて一元配置分析で検証することができる。これはデフォルト確率に影響を与えるリスク・ファクターを推定することであり、デフォルトとして認識された取引先と正常完済した取引

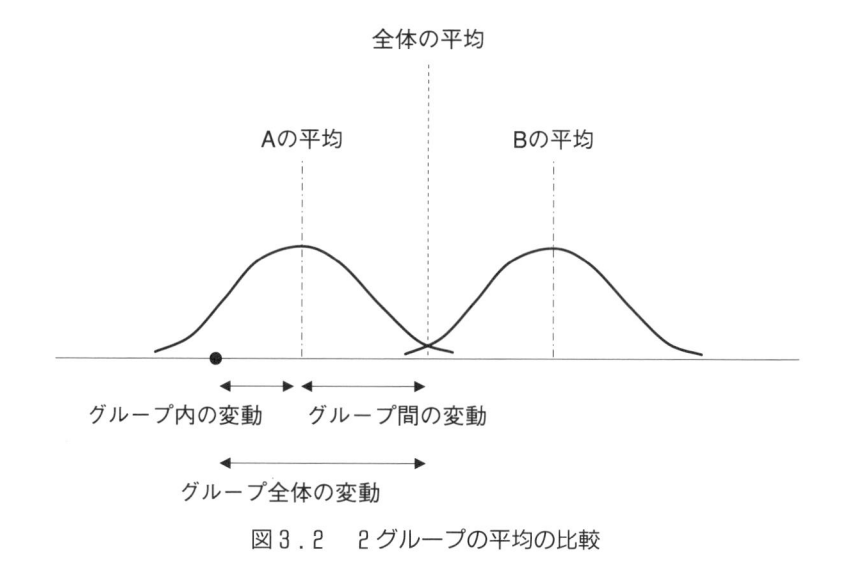

図3.2　2グループの平均の比較

先の取引先属性の平均値や分散に差異がみられる場合、デフォルトを推定する際のリスク・ファクターとして重要な意味をもつ可能性があることがわかる。

また、バーゼルIIなどの信用リスクを計測する際、ローンをプール分類することが求められる場合がある。これは、リスク属性が似たものを集めたローン・プールごとにリスク特性を明確化し、リスク評価をこのローン・プールごとに行うことを目的としている。

しかしながら、プールごとのリスク評価のためには何らかのモデルが必要であり、そのモデルの説明力を高めるには、ある程度のデータ量を前提とした頑健な統計モデルの構築と、安定したパラメータ推定が不可欠である。このことは、ローン・プールを細分化するほどリスク量を評価するモデル・リスクが高まり、かえってリスク判断を誤らせるという結果となる可能性があるということである。したがって、ローンの信用リスクを評価するためには、ローン・プールによる分類と、統計モデルを利用した各種リスク・ファクターの調整をうまく行う必要がある。このようにしてローン・プール分類を行った場合に、分類が適正に行われていれば、プールごとのデフォルト確率には差異があるはずであり、デフォルト確率の分布も異なるはずである。このようなグループごとに有意に差異があるかどうかを、平均値や分散による一元配置分析で検証することができる。

例題3.2

4つのプールに分類されているローンのデフォルト確率が、プールによって有意に差異があるかどうかを検討する。

プール i ($i=1, 2, \cdots, N$) ごとに観測時点 t_j ($j=1, 2, \cdots, T$) のデフォルト確率 $x_i(t_j)$ が与えられているとする。プール i ごとの平均デフォルト確率 $\bar{x}_i$、

$$\bar{x}_i = \frac{\sum_{j=1}^{T} x_i(t_j)}{T}$$

が、プールによって異なっているかどうか、一元配置分析によって検討する。

☆Excelでは、以下の方法で分散分析を行うことができる。「ツール（T）」⇒「分析ツール（D）」を指定すると、データ分析画面が表示されるので、「分散分析：一元配置」を指定し、OKボタンを押す。「分散分析：一元配置」の画面が表示されるので、「入力範囲（W）」に4プールのデフォルト確率を指定、さらに分析結果の出力先を指定する。

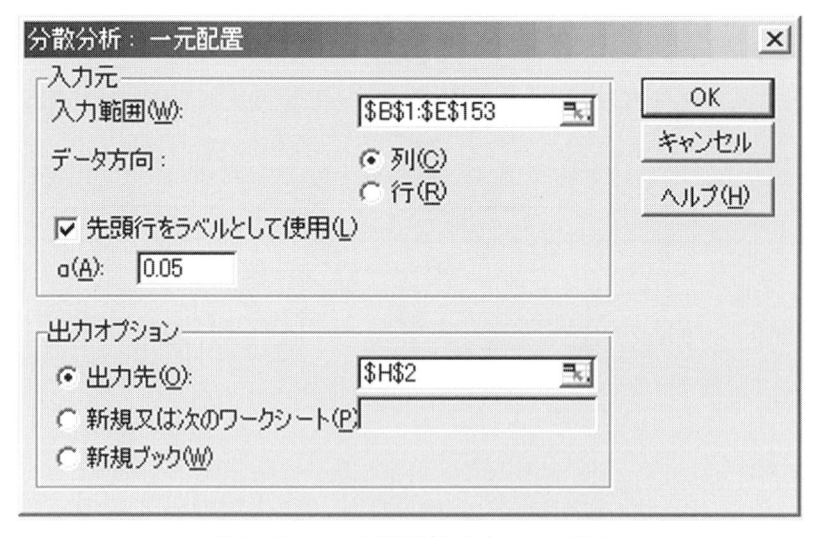

図3.3　一元配置分析のメニュー画面

　一元配置分析から出力された結果が、表3.3である。プール数$N=4$、データ観測期間$T=152$となっている。
　表3.3に出力された分散分析の統計量について解説する。分散分析表の「変動」の欄は、

表3.3　4プールによる一元配置分析

分散分析：一元配置
概要

グループ	標本数	合計	平均	分散
グループ1 PD	152	0.749213	0.004929	1.48E-06
グループ2 PD	152	0.366168	0.002409	1.25E-07
グループ3 PD	152	0.967267	0.006364	8.09E-07
グループ4 PD	152	1.20418	0.007922	4.98E-06

分散分析表

変動要因	変動	自由度	分散	観測された分散比	P-値	F境界値
グループ間	0.002502	3	0.000834	451.3249	9.1E-154	2.619655
グループ内	0.001116	604	1.85E-06			
合計	0.003618	607				

グループ間変動：各プールの平均 $\bar{x}_i$ と全平均 $\bar{x}$ との偏差平方和
$$S_R = T \sum_{i=1}^{N} (\bar{x}_i - \bar{x})^2$$

グループ内変動：データ x_{ij} と各プールの平均 $\bar{x}_i$ との偏差平方和
$$S_E = \sum_{i=1}^{N} \sum_{j=1}^{T} (x_{ij} - \bar{x}_i)^2$$

合計の変動：データ x_{ij} と全平均 $\bar{x}$ との偏差平方和
$$S_T = \sum_{i=1}^{N} \sum_{j=1}^{T} (x_{ij} - \bar{x})^2$$

を表している。

　グループ間の変動の値は、グループとしての変動要因によるものであり、グループ内変動の値は、データ固有の偶発的なばらつきを表すものと考えられる。したがって、グループ間に有意な差があれば、グループ間の変動の値に表れると考えられる。このグループ間変動が、グループ内変動に比べて大きい場合には、グループ、つまりプールごとに平均値の差があると考えることができる。

　次に「分散」の欄は、変動を自由度で割ったものを示している。グループ（プール）数を $N=4$、データ数を $T=608$ とすると、

グループ間分散：$V_R = \dfrac{S_R}{N-1}$

グループ内変動：$V_E = \dfrac{S_E}{T-(N-1)-1}$

で計算することができる。

「観測された分散比」（F値）は、

$$F_0 = \dfrac{V_R}{V_E}$$

で計算され、

　　帰無仮説H_0：プールごとのデフォルト確率の平均値は等しい

という帰無仮説を検定することで、グループの平均に差があるかどうかを調べるものである。このF_0値が「F境界値」より大きい場合は帰無仮説が棄却され、少なくとも一つの平均値に有意差があると判定する。つまりF_0検定統計量は、自由度$(N-1, T-(N-1)-1)$のF分布に従うことから

　　$F_0 \geq F_{(N-1, T-(N-1)-1)}(\alpha)$

であれば、有意水準aで仮説H_0が棄却される。$F_{(N-1, T-(N-1)-1)}(\alpha)$は自由度$(N-1, T-(N-1)-1)$の$F$分布の$\alpha$％点を表す。この例では、$\alpha = 0.05$のとき

　　$F_0 = 451.3249 \geq F_{(3, 604)}(0.05) = 2.619655$

であるから、仮説H_0は棄却され、少なくとも一つのグループの平均に有意差があると判定する。

☆ExcelではF分布の片側確率の計算をFDIST関数で求めることができる。また、F分布のα％点の計算は、FINV関数を用いる。

　　F分布の片側確率の計算

　　　　＝FDIST（F_0値，自由度１，自由度２）

　　　　＝FDIST（451.3249, 3, 604）

自由度 $(N-1, T-(N-1)-1)$ の F 分布の α%点の計算
　　　＝FINV（有意水準，自由度1，自由度2）
　　　＝FINV（0.05，3，604）

　このように分散の検定は、平均の差の検定とみることができる。
　次にこれらの4プールのデフォルト確率の差異について、箱ひげ図を用い、視覚的に差異があるか比較してみることにする。(Excelでの作成方法については、第1章で**四分位**をもとにデータのばらつきを視覚的に確認する方法として掲載)。箱ひげ図では、分布が単峰か多峰か確認ができないため、あわせてヒストグラムで分布の形を確認する。

表3.4　4プールの四分位点

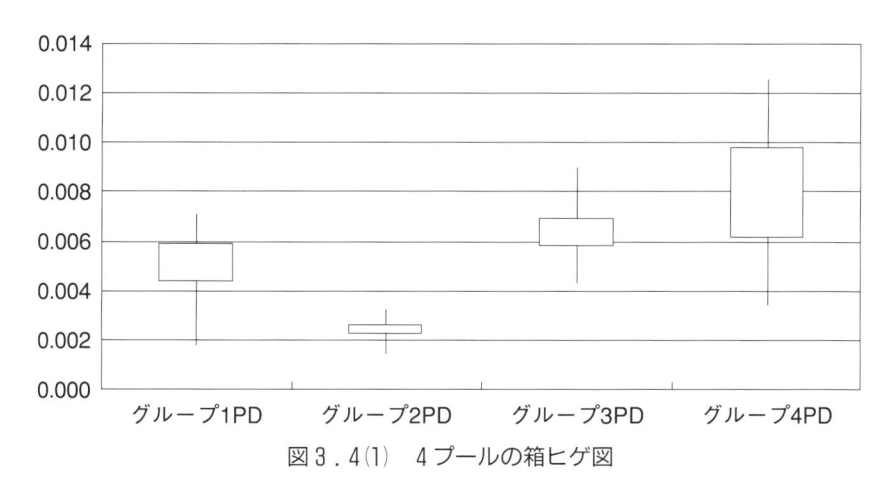

	グループ1PD	グループ2PD	グループ3PD	グループ4PD
最小値	0.00178	0.00147	0.00430	0.00344
25%点	0.00434	0.00217	0.00575	0.00609
50%点	0.00501	0.00239	0.00630	0.00813
75%点	0.00588	0.00263	0.00690	0.00984
最大値	0.00706	0.00323	0.00900	0.01255

図3.4(1)　4プールの箱ヒゲ図

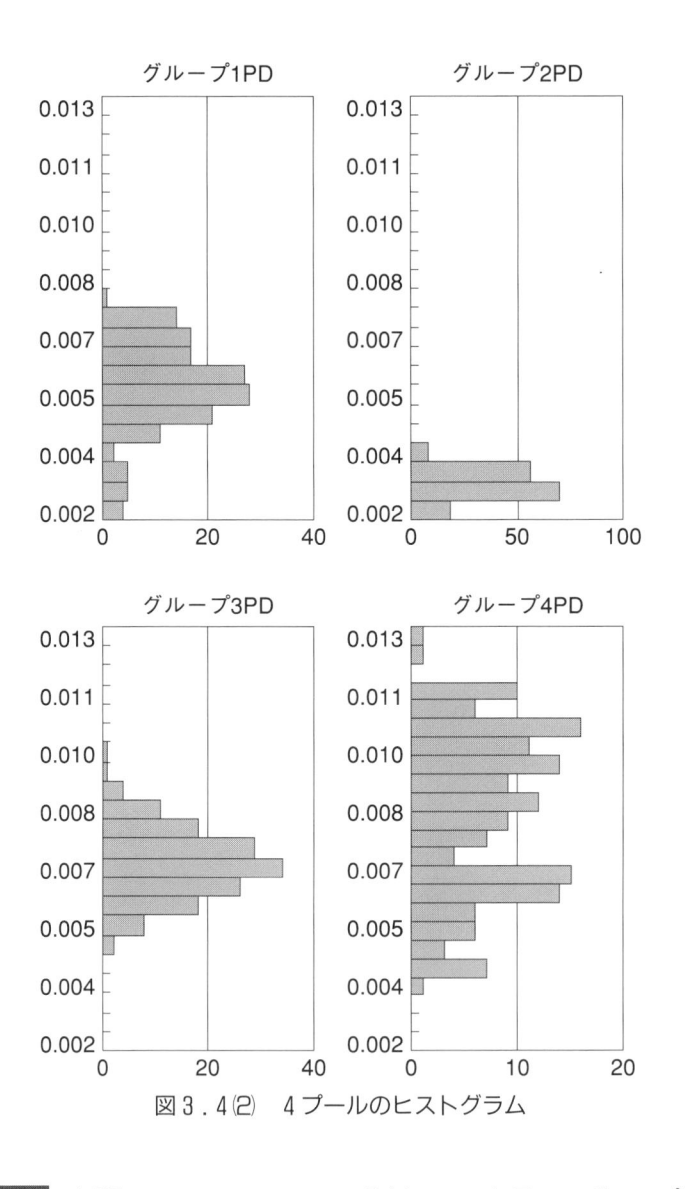

図3.4(2) 4プールのヒストグラム

演習3.2 例題3.2についてExcelの分析ツールを用い、グループ間の水準の違いについて検討せよ。

3.3 分布の差異分析

(1) 正規性の検定

一元配置分析での分散分析では、前提として正規性が満たされていることがあった。2つのグループについて水準に差があるのかという検定を行うために注意が必要なことは、2つのグループを構成する母集団が正規分布に従うかによって比較分析の観点が異なることである。

そこで、まず分布の正規性の検定を行い、利用する統計的推論の手法を決定する。2つのグループを比較するには、

① 2つの母集団の平均が等しいか、等しくないかについての比較
② 2つの確率分布が同じか、あるいは確率的に大あるいは小であるという比較

という2つの観点がある。

まず、以下のような仮説検定を定義する。

帰無仮説H_0：母集団分布が正規分布である

対立仮説H_1：母集団分布が正規分布に従わない

次に、これらの仮説に対し、p値によって検定を行う。p値とは、帰無仮説H_0が正しいのに、誤って帰無仮説H_0を棄却し、正しくない対立仮説H_1を採択してしまうという誤りを起こす（第一種の誤り）確率である。この誤りが起こる確率が有意水準αであり、この値をどの程度にまで押さえ込めばよいのかという水準を定め、標本の偏りやばらつきによって結論の誤りが起こる確率がそれ以下であれば、命題が支持されたと判断する。一方、第二種の誤りとは、帰無仮説H_0が正しくないにもかかわらず、この仮説H_0を採択してしまう誤りのことであり、この誤りが起こる確率をβで表す。「第一種の誤り」と、「第二種の誤り」の関係を図で示すと、図3.5のようになる。

実際の分布が正規分布に従っているかどうかを検証するためには、シャピロ・ウイルク（Shapiro-Wilk）の検定などの方法によって正規性を分析す

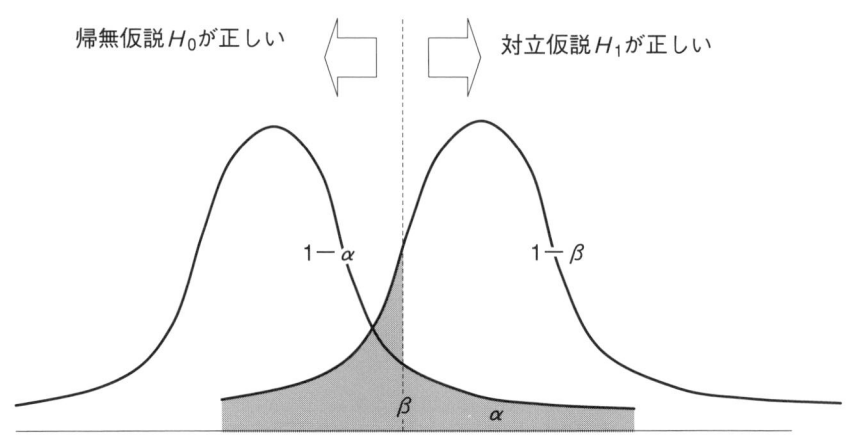

図3.5 「第一種の誤り」と、「第二種の誤り」の関係

る。シャピロ・ウイルク検定では、シャピロ・ウイルクのW統計量の値によって仮説が採択されるかを判断する。表3.5はデフォルト率の各種統計値の例（JMP[1]の出力例）であるが、シャピロ・ウイルクのW統計量の値は0.9577、p値は0.0001となっている。したがって、「母集団分布が正規分布である」という帰無仮説H_0が棄却できる。つまり、この帰無仮説H_0は採択されず、デフォルト率は正規分布に従うとして議論を展開することができない。なお、p値は、第一種の誤りが発生する確率であり、p値が0.0001ということは、帰無仮説H_0が正しいのに、誤って帰無仮説H_0を棄却してしまうという、誤りを起こす確率が0.01％あるということである。この基準値である有意水準を5％とすると、

p値＝0.0001＜0.05

であるので、帰無仮説H_0が棄却できると判断される。検出力（検定力）という面でこのp値の水準をみてみると、かなり小さな値といえるので、統計値という観点からは、正規分布を仮定することはできないということがわか

1　JMPはSAS Institute Inc.の登録商標。

る。またExcelでは、第1章で述べた基本統計量の歪度と尖度から、正規分布に似た形であるかどうかを、ある程度判断することも可能である。

表3.5 デフォルト率の正規性の検定

正規の当てはめ
パラメータ推定値

種類	パラメータ	推定値	下側95%信頼限界	上側95%信頼限界
位置	μ	0.004929	0.004734	0.005124
ばらつき	σ	0.001215	0.001092	0.001369

適合度検定
Shapiro-WilkのW検定

W	P値(Prob<W)
0.9577	0.0001

(2) 分布の差異分析

実際の分布では、正規分布でないことも多い。一元配置分散分析の前提条件として正規性が満たされない場合に、2つのグループについて比較する方法を解説する。

まず、2つのグループを比較するには、以下のような基準で分析方法が決定される。

- A　2つの分布がともに正規分布である場合
    - A1　2つの母分散が等しいかどうか（分散の同一性）の検定
        2つの母分散が等しいかどうかの検定は、**等分散検定**と呼ばれる。
        帰無仮説H_0：2つの母集団の分散が等しい（$\sigma_1^2 = \sigma_2^2$）
        対立仮説H_1：2つの母集団の分散が等しくない（$\sigma_1^2 \neq \sigma_2^2$）
        という仮説を**F検定**によって検定する。
        - A1.1　2つの母分散が等しい（$\sigma_1^2 = \sigma_2^2$）と判断する場合
            t検定によって、2つの**平均**が等しいかどうかについて検定する。

第3章　グループ間の差異分析

　　　　　帰無仮説H_0：2つの平均が等しい（$\mu_1 = \mu_2$）
　　　　　対立仮説H_1：平均が等しくない（$\mu_1 \neq \mu_2$）
　├─A1.2　2つの母分散が等しくない（$\sigma_1^2 \neq \sigma_2^2$）と判断する場合
　　　　　帰無仮説H_0：2つの平均が等しい（$\mu_1 = \mu_2$）
　　　　　対立仮説H_1：平均が等しくない（$\mu_1 \neq \mu_2$）
　　　　　という仮説を**ウェルチの検定**によって検定する。
└─B　2つの分布のうちどちらかが1つでも正規分布でないと判断する場合
　　ノンパラメトリック検定（ウイルコクソン順位和検定）により、2つ
　の**確率分布**が等しいかどうかについて検定する。
　　　　帰無仮説H_0：2つの母集団の分布の位置(中央値)は等しい（$v_1 = v_2$）
　　　　対立仮説H_1：2つの母集団の分布の位置（中央値）は右か左かの
　　　　　　　　　　　どちらかにずれている（$v_1 \neq v_2$）
　　ただし、v_1, v_2は分布の中央値である。
　　この帰無仮説と対立仮説は、確率分布の確率的大小関係を同形分布の
　位置のずれによってみる一般的表現となっている。

　このように、グループのいずれか1つでも正規分布でないと判断された場合は、ノンパラメトリック（ウイルコクソン順位和検定）の検定が用いられることが多い。その場合には2つの分布が等しいかどうかについて以下の仮説によって検定することが求められる。
　　　帰無仮説H_0：2つの母集団の分布の位置（中央値）は等しい（$v_1 = v_2$）
　　　対立仮説H_1：2つの母集団の分布の位置（中央値）は右か左かのどち
　　　　　　　　　　らかにずれている（$v_1 \neq v_2$）
　ただし、v_1, v_2は分布の中央値である。
　ウイルコクソン検定は、2つの母集団の中央値に差があるかを検定する手法であり、標本の値を順位に置き換えて検定統計量を求めるため、順位和検定とも呼ばれる。ウイルコクソン検定では、「2つの母集団の、分布の中央

値はずれている」という仮説H_0を検証する。

次に、順位相関という概念について述べる。2組の順位の間にどのような関係があるのかを調べる方法の1つに、以下の式で定義されるスピアマンの順位相関係数ρ_sがある。

$$\rho_s = 1 - \frac{6\sum_{i=1}^{N}(a_i - b_i)^2}{N(N^2-1)} \tag{3.1}$$

N：標本数

a_i：a組のデータ内の順位

b_i：b組のデータ内の順位

また、**ケンドールの順位相関係数**ρ_kは、以下の式で定義される。

$$\rho_k = \frac{2(P-Q)}{N(N-1)} \tag{3.2}$$

なお、2組(a_i, b_i), (a_j, b_j)に対し

$$\begin{cases} a_i < a_j \text{ and } b_i < b_j \Rightarrow + \\ a_i > a_j \text{ and } b_i > b_j \Rightarrow + \end{cases}$$

$$\begin{cases} a_i < a_j \text{ and } b_i > b_j \Rightarrow - \\ a_i > a_j \text{ and } b_i < b_j \Rightarrow - \end{cases}$$

と符号を定めておき、

P：＋の組の個数

Q：－の組の個数

で計算した値を(3.2)式に代入する。

次に無相関の検定について述べる。2組のグループの間に相関があるかどうかをみるには、

帰無仮説　H_0：相関がない

対立仮説　H_1：相関がある

という仮説を検定すればよい。以下の検定統計量を計算すると、仮説が成り立つとき、検定統計量の分布は自由度$N-2$のt分布になる。

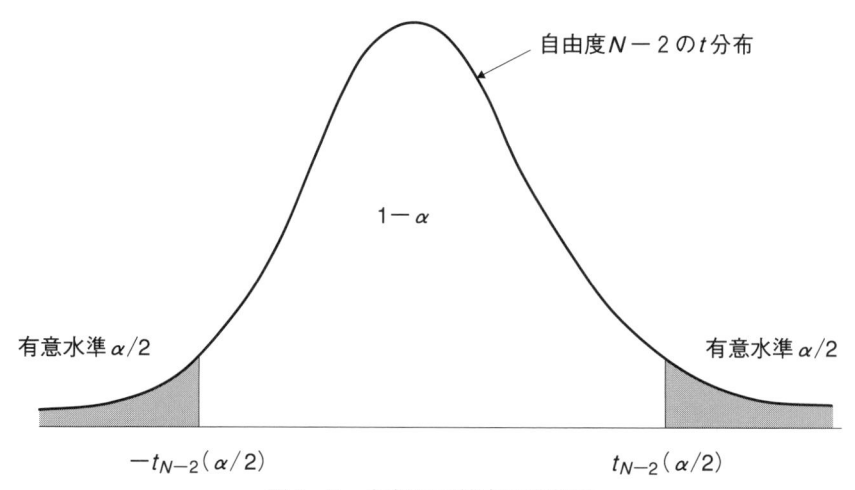

図3.6 無相関の検定の棄却域

$$T(\rho) = \frac{\rho\sqrt{N-2}}{\sqrt{1-\rho^2}} \quad (3.3)$$

図3.6に示すように、有意水準をαとし、検定統計量$T(\rho)$の値が

$$T(\rho) \leq -t_{N-2}(\alpha/2) \quad \text{または} \quad t_{N-2}(\alpha/2) \leq T(\rho)$$

の範囲であれば、めったにないことが起きてしまったので、その原因は「仮説が間違っていた」と考える。したがって、帰無仮説H_0は棄却され、2つの変量の間に相関があると結論づける。逆に

$$-t_{N-2}(\alpha/2) < T(\rho) < t_{N-2}(\alpha/2)$$

であるとき、相関があるとはいえないとする。

2つの異なる母集団の分散が等しいかどうかの検定は、等分散検定と呼ばれる。2つの母集団の分散をσ_A^2, σ_B^2とし、それぞれから大きさn_A, n_Bの標本を選び出し、それぞれの標本分散をs_A^2, s_B^2とする。このとき、以下の定理が成り立つ。

【定理３.１】

$\dfrac{s_A^2/\sigma_A^2}{s_B^2/\sigma_B^2}$ は、自由度（n_A-1, n_B-1）のF分布に従う。

帰無仮説H_0を

$$H_0 : \sigma_A^2 = \sigma_B^2 \tag{3.4}$$

とし、対立仮説を

$$H_1 : \sigma_A^2 \neq \sigma_B^2 \tag{3.5}$$

とした両側検定を考える。帰無仮説H_0が正しければ$\sigma_A^2=\sigma_B^2$であるから、定理３.１よりs_A^2/s_B^2は自由度（n_A-1, n_B-1）のF分布に従う。したがって棄却域は図３.７の網かけ部となり、有意水準αで

$$\frac{s_A^2}{s_B^2} < \frac{1}{F(n_B-1, n_A-1\ ;\ \alpha/2)} \tag{3.6}$$

または、

$$\frac{1}{F(n_A-1, n_B-1\ ;\ \alpha/2)} < \frac{s_A^2}{s_B^2} \tag{3.7}$$

であるとき、帰無仮説H_0は棄却される。

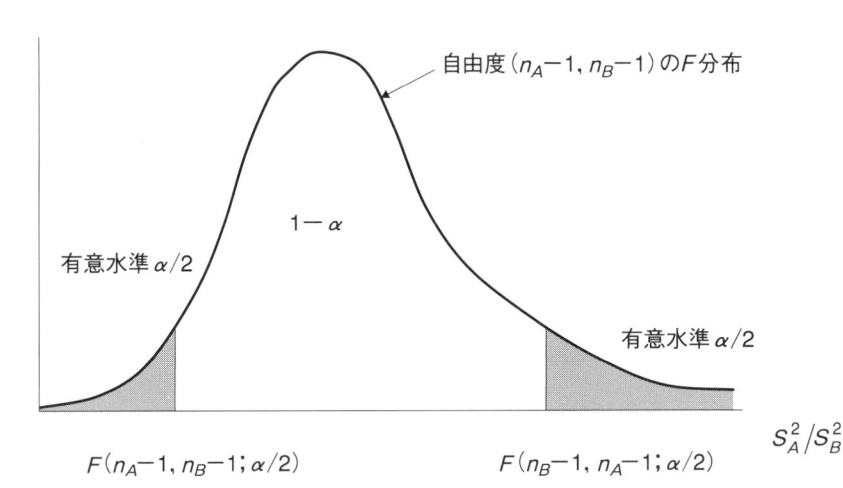

図３.７　F分布による等分散検定

もし、2つの母集団の分散σ_A^2, σ_B^2が等しいとき（$=\sigma^2$）、2つの標本平方和をS_A, S_Bとすると、次の定理が成り立つ。なお、$\bar{x}_A, \bar{x}_B$は標本平均、μ_A, μ_Bは母平均である。

【定理3．2】

$$\frac{(\bar{x}_A - \bar{x}_B) - (\mu_A - \mu_B)}{\sqrt{\left(\dfrac{1}{n_A} + \dfrac{1}{n_B}\right)\dfrac{S_A + S_B}{n_A + n_B - 2}}} \tag{3.8}$$

は自由度$(n_A + n_B - 2)$のt分布に従う。

中心極限定理より、標本平均$\bar{x}_A, \bar{x}_B$はそれぞれ正規分布$N(\mu_A, \sigma^2/n_A)$, $N(\mu_B, \sigma^2/n_B)$に従う。よって、$(\bar{x}_A, \bar{x}_B)$は、$N(\mu_A - \mu_B, \sigma^2/n_A + \sigma^2/n_B)$に従い、

$$\frac{(\bar{x}_A - \bar{x}_B) - (\mu_A - \mu_B)}{\sqrt{\left(\dfrac{1}{n_A} + \dfrac{1}{n_B}\right)\sigma^2}} \tag{3.9}$$

は標準正規分布に従う。また、以下の定理が成り立つことが知られている。これは、中心極限定理とは、標本数が十分大きい場合には、データがどのような分布に従っていても、平均の標本分布は正規分布に従うというものである。

【定理3．3】

$\dfrac{S}{\sigma^2} = \dfrac{1}{\sigma^2}\sum\limits_{i=1}^{n}(x_i - \bar{x})^2$は、自由度$(n-1)$のカイ二乗分布に従う。

$S_A/\sigma^2, S_B/\sigma^2$は、それぞれ自由度が$(n_A - 1), (n_B - 1)$のカイ二乗分布に従うので、カイ二乗分布の性質から、$(S_A + S_B)/\sigma^2$は自由度$(n_A + n_B - 2)$のt分布に従う。

【定理3.4】

標準正規分布に従う変数を u、自由度 n のカイ二乗分布に従う変数を v とする。このとき、変数

$$x = u/\sqrt{v/n}$$

の従う確率分布を、自由度 n の t 分布という。

よって、

$$\frac{(\bar{x}_A - \bar{x}_B) - (\mu_A - \mu_B)}{\sqrt{\left(\frac{1}{n_A} + \frac{1}{n_B}\right)\sigma^2}} \Bigg/ \sqrt{\frac{S_A + S_B}{(n_A + n_B - 2)\sigma^2}} = \frac{(\bar{x}_A - \bar{x}_B) - (\mu_A - \mu_B)}{\sqrt{\left(\frac{1}{n_A} + \frac{1}{n_B}\right)\frac{S_A + S_B}{n_A + n_B - 2}}} \tag{3.10}$$

は、自由度 $(n_A + n_B - 2)$ の t 分布に従う。

得られた分布は t 分布なので、母平均の差の区間推定は、信頼度 $(1-\alpha)$ で、$\mu_A - \mu_B$ は

$$\bar{x}_A - \bar{x}_B \pm t(n_A + n_B - 2, \alpha) \cdot \sqrt{\left(\frac{1}{n_A} + \frac{1}{n_B}\right)\left(\frac{S_A + S_B}{n_A + n_N - 2}\right)} \tag{3.11}$$

で与えられる範囲にある。

3.4 K-S (Kolmogorov-Smirnov) 値

バーゼルIIなどの信用リスク計測では、なんらかの説明変数によってデフォルト確率の違いをグループ（プール）に分類することが求められる。説明変数のデフォルト判別力を定量化する統計量としてK-S (Kolmogorov-Smirnov) 値がよく用いられる。**K-S値**とは、定量化の対象となる説明変数の確率分布を、たとえばデフォルト先（d）と正常先（n）という2つのグループに分類し、デフォルト先の経験分布関数 $F_d(x)$ と、正常先の経験分布関数 $F_n(x)$ をそれぞれ求める。それら経験分布関数の差の最大値（図3.8のD）がK-S値であり、この値が大きければ大きいほどデフォルト先と正

常先の分布が離れている、すなわち対象変数がデフォルト先をうまく選別できていることを示している。

$$D = \max|F_d(x) - F_n(x)| \qquad (3.12)$$

デフォルト先（d）の標本数をN_d個、正常先（n）の標本数をN_n個とする。ある水準を$x(-\infty < x < \infty)$とし、デフォルト先（d）の標本のなかで、説明変数の値がx以下となっている標本件数を$L_d(x)$とすると、経験分布関数$F_d(x)$は、

$$F_d(x) = \frac{L_d(x)}{N_d} \qquad (3.13)$$

で計算できる。同様に、正常先（n）の標本のなかで、説明変数の値がx以下となっている標本件数を$L_n(x)$とすると、経験分布関数$F_n(x)$は、

$$F_n(x) = \frac{L_n(x)}{N_n} \qquad (3.14)$$

となる。

K-S値は、デフォルト確率に正規分布など特定の分布を仮定しないノンパ

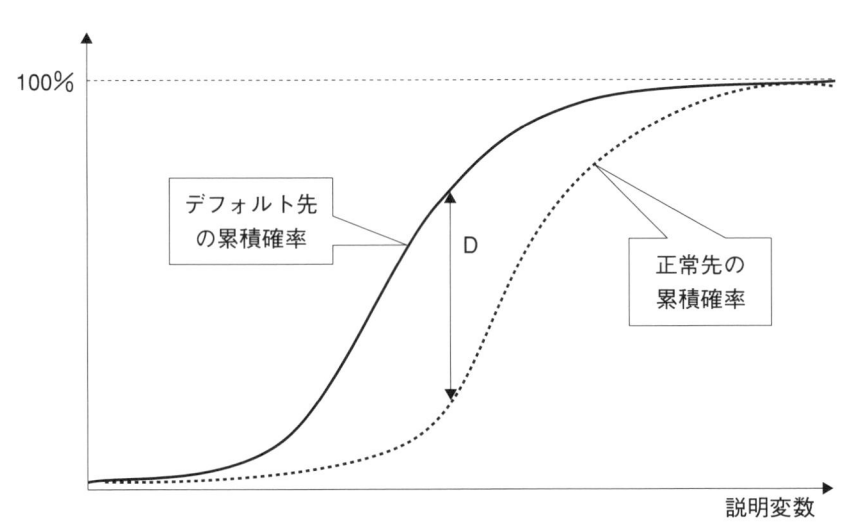

図3.8　K-S値の考え方

ラメトリックな統計量であり、デフォルト先（d）と正常先（n）などのグループによって、変数の分布がどの程度異なっているのかを、それぞれの分布の距離によって計測するものである。

なお、K-S値が大きくなっても、それが平均の違いによるものか、中央値の違いか、あるいは分散や密度関数のクラスが違うのか等、原因については何も説明していない点に注意が必要である。また、K-S値は標本数が少ないときには有効に機能しない。

演習3.3　与えられたデフォルト先のグループと正常先のグループについてK-S値を算出せよ。

3.5　AR値（Accuracy ratio）

スコアリングモデルなどによって導き出される、推定デフォルト率の予測精度について評価したいときに用いられる手法である。企業のデータ数をN、実際にデフォルト（d）した企業をN_d件とする。このとき、

(横軸)デフォルト確率の高いと推定されている上位x件が全体の企業数Nに占める割合x/N

(縦軸)デフォルト確率の高いと推定されている上位x件のうち、実際にデフォルトした件数N_xがデフォルトした企業N_d件に占める割合N_x/N_d

としたとき、xの値を変化させ、$(x/N, N_x/N_d)$ をプロットしたものを、**CAP（Cumulative Accuracy Profiles）曲線**と定義する。デフォルト確率を説明するモデルに説明力がなく、推定デフォルト確率と実際のデフォルトにはなんの関係もない場合、デフォルト確率がどのレベルであってもデフォルト先が同じ割合で含まれるため、CAP曲線は図3.9のCの$y=x$（45度線）上にプロットされる。また、推定デフォルト確率が高いほうから順にデフォ

ルトしている場合が完全なモデルであり、CAP曲線は図3.9のAのようになると期待される。

実際にデフォルトした企業をN_d件、デフォルトしなかった企業をN_n件（すなわち、$N=N_d+N_n$）であるとき、デフォルト確率が高い順にデフォルトした場合のCAP曲線（図3.9のAの曲線）とまったく説明力がないモデルが描くCAP曲線（図3.9のCの曲線）とで囲まれる面積S_Aは、

$$S_A = \frac{1}{2} \cdot \frac{N_n}{N_d+N_n} \qquad (3.15)$$

で計算できる。さらに、全体からランダムにある企業を選んだ場合のデフォルト確率をp_N、デフォルトした企業のなかからランダムに選ばれた企業の推定デフォルト確率をp_d、デフォルトしなかった企業のなかからランダムに選んだ企業の推定デフォルト確率をp_nとする。またある定数cを用いて、p_dがcより小さかった場合の確率を$P(p_d<c)$、p_nがcより小さかった場合の確率を$P(p_n<c)$で表す。このとき、全体からランダムにある企業を選び、その企業のデフォルト率がcより小さくなる確率$P(p_N<c)$は、

$$P(p_N<c) = \frac{N_d P(p_d<c) + N_n P(p_n<c)}{N_d+N_n} \qquad (3.16)$$

で表される。ただし、p_d, p_nの分布はともに連続であると仮定する。

ここで、実際にモデルが描くCAP曲線（図3.9のBの曲線）と、まったく説明力がないモデルが描くCAP曲線（図3.9のCの曲線）とで囲まれる面積をS_Rとすると、**AR値**は

$$AR = \frac{S_R}{S_A}$$

で表される。またS_Rは、

$$S_R = \int_0^1 P(p_d<c)\, dP(p_N<c) - \frac{1}{2} \qquad (3.17)$$

で計算される。

図3.9 AR値の考え方

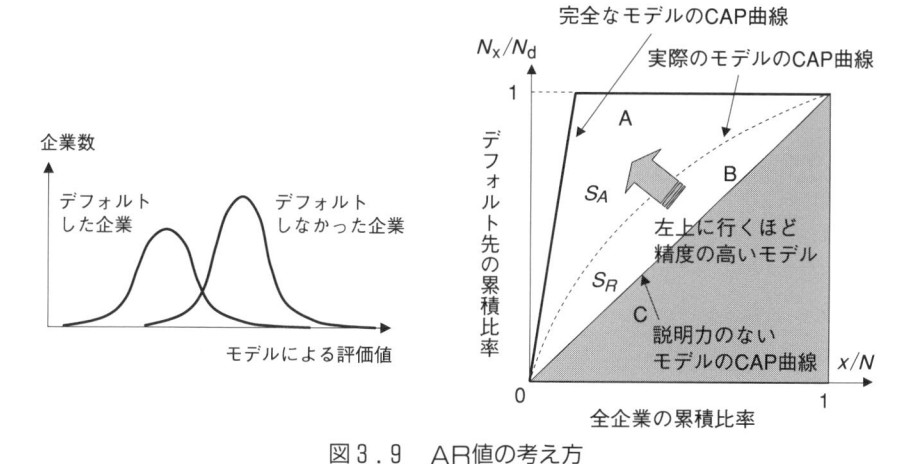

　スコアリングモデルのCAP曲線が図3.9のAの形状に近いかどうかを比較することで、デフォルト率の判別力が高いものか判断できる。デフォルト判別力が高いモデルであれば、S_RがS_Aに近づき、モデルの説明力が低ければ、CAP曲線はCの曲線に近づくので、S_Rは0に近づく。したがって、ARのとりうる値の範囲は

　　$0 \leq AR \leq 1$

であり、1に近づくほどスコアリングモデルのデフォルト判別力が高いという評価になる。

　なお、この手法では、デフォルト確率の順位のみに着目し、デフォルト確率自体の情報は使われないため、デフォルト確率の水準が大きく誤っていてもARは悪化しない場合があり、注意が必要である。

演習3.4　与えられたデータについて台形公式を用いAR値を算出せよ。

3.6 ダイバージェンス

ダイバージェンスは、デフォルト先の何らかの説明変数の分布と非デフォルト先の何らかの説明変数の分布がどれだけ離れているか、分布の乖離度を計測したい場合に適用する。

デフォルト先の説明変数の分布の平均をμ_d、分散をv_d、非デフォルト先の説明変数の分布の平均をμ_n、分散をv_nとしたとき、ダイバージェンスDを

$$D = \frac{(\mu_d - \mu_n)^2}{v_d + v_n} \tag{3.18}$$

で定義する(図3.10参照)。

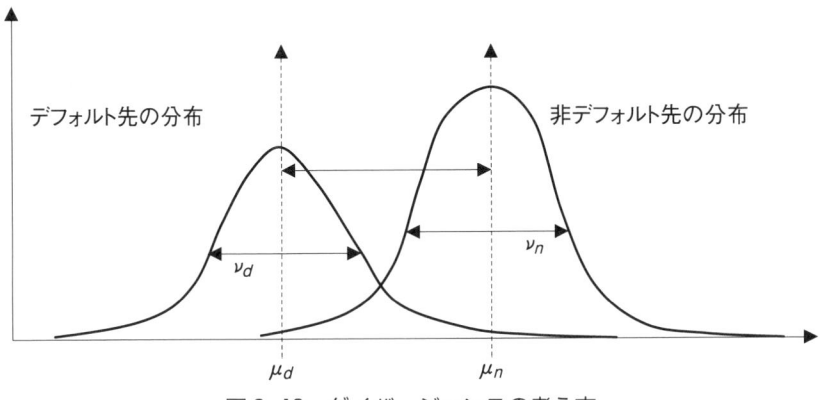

図3.10 ダイバージェンスの考え方

デフォルト先の分布と非デフォルト先の分布が乖離している場合、平均の差$(\mu_d - \mu_n)$が大きくなることから、ダイバージェンスの値が大きいほどそれぞれの分布が乖離していると判断できる。また、$\mu_d = \mu_n$であるときダイバージェンスは最小値0をとる。したがって、ダイバージェンスのとりうる値の範囲は、

$$0 \leq D \leq \infty$$

となり、値が大きいほど分布が乖離していて説明変数の判別力が良好であると判断できる。

ダイバージェンスは、分布の乖離度合いを表す指標であるため、直感的なデフォルト先と非デフォルト先の判別精度を評価できる。しかし、実際に判別点を決定した場合、どれくらい誤判別するか、その割合に関しては情報が得られない。また、格付の場合はデフォルト確率が各ランクに与えられ、離散値をとるので精度が悪くなる。

演習3.5 与えられたデータのダイバージェンスについて確認せよ。

3.7 クラスター分析

クラスター分析は、観測されているデータによって、分析対象を任意のグループに分類するための手法であり、グループ分けされた集合体をクラスターという。グループ分けの方法にはいくつもの種類があり、それぞれの結果は異なるのが一般的である。したがって、複数の分析結果をみながら、最終的には経験的な感覚に合うものを選択することが多い。ただし、Excelの分析ツールなどにはクラスター分析に関するものは用意されておらず、詳細に分析をするには、SASやJMPなどの統計ソフトを用いることになる。ここでは、クラスター分析の概念について、簡単な例を使って説明する。

クラスター分析の手法は、分析の目的によって排他的なもの、階層的なものというようにいくつもの異なった方法が適用される。ここでは、デンドログラム（樹形図）で階層構造を確認できるクラスター分析について概説する。

分析対象として、n 個の分析対象 x_i ($i=1, 2, \cdots n$)（たとえば n 種類の業種）が与えられているものとする。対象 x_i と対象 x_j ($j=1, 2, \cdots n$) の類似性の度合いを表す値として、非類似度 $d_{i,j}$ が与えられているものとする。

ただし、この値が小さいものほど類似性が高いと判断する。また、非類似度は対称（$d_{i,j}=d_{j,i}$）であるものとする。

階層的なクラスター分析では、n 個の分析対象 x_i（$i=1, 2, \cdots n$）のなかで、最も非類似度 $d_{i,j}$ の値が小さい組合せを選びだし、そのときの分析対象 x_i と分析対象 x_j を同一のクラスターとして認識する。すなわち、類似する分析対象を1個ずつクラスターに取り込んでいくことで、グループの体系化を図っている。

階層的なクラスター分析は、以下の手順を繰り返すことでクラスターの階層構造を求める。

手順1： n 個の分析対象 x_i を、クラスター C_i として認識する。

手順2：クラスター C_p とクラスター C_q の非類似度を表す距離 $d_{p,q}$ を、重心法、ウォード法等によって計算する。なお、クラスター C_p の重心を（$\hat{y}_p^{(1)}, \hat{y}_p^{(2)}, \cdots, \hat{y}_p^{(m)}$）、クラスター C_q の重心を（$\hat{y}_q^{(1)}, \hat{y}_q^{(2)}, \cdots, \hat{y}_q^{(m)}$）とする。

(1) 重心法

クラスター C_p と、クラスター C_q の重心間のユークリッド平方距離 $U_{p,q}^2$ を距離 $d_{p,q}$ とみなし、以下の式を適用する。

$$d_{p,q}=U_{p,q}^2=\sum_{k=1}^{m}(\hat{y}_p^{(k)}-\hat{y}_q^{(k)})^2$$

(2) ウォード（Ward）法

クラスター C_p と、クラスター C_q の重心間の距離 $d_{p,q}$ を、以下の式で計算する。

$$d_{p,q}=\frac{n_p n_q}{n_p+n_q}\sum_{k=1}^{m}(\hat{y}_p^{(k)}-\hat{y}_q^{(k)})^2$$

なお、n_p, n_q は、クラスター C_p、クラスター C_q の構成単位数であり、たとえばこれらのクラスターに含まれる業種の数を意味

している。すべてのクラスター間の距離$d_{p,q}$を計算し、そのなかで一番距離の短いクラスターの組合せに対し、クラスターを結合する。

手順3：結合されたクラスターの重心の計算

クラスターC_pとクラスターC_qを合わせたクラスターC_{p+q}の重心（$\hat{y}_r^{(1)}, \hat{y}_r^{(2)}, \cdots, \hat{y}_r^{(m)}$）を、

$$\hat{y}_{p+q}^{(k)} = \frac{n_p \hat{y}_p^{(k)} + n_q \hat{y}_q^{(k)}}{n_p + n_q}$$

で計算する。一般的には、この接合された重心を結合先クラスターC_pの新しい重心とし、結合先クラスターC_pの構成単位数n_pを$n_p + n_q$に置き換える。そして、クラスターC_qは、結合の対象から除外する。

手順4：最終的に1つのクラスターに統合されるまで、手順2、手順3の作業を繰り返す。

このように、階層的なクラスター分析は、初めは一つの対象x_i（$i=1, 2, \cdots n$）だけを含むn個のクラスターを想定し、2つの対象間の距離の近いものから順にクラスターを融合し、すべての対象が1つのクラスターになるまで処理を繰り返したものであり、そのクラスター間の融合の過程を、統計ソフトではデンドログラム（樹形図）として表示していることが多い。

図3.11はデンドログラムの例であるが、この例で縦に分割線を図のように引くと、分割線Aではデンドログラムと6カ所で、分割線Bでは4カ所で交差する。この交差した点より左側の部分でつながっているのが1つのグループであり、分割線Aは6つのグループに、分割線Bは4つのグループに分割する基準となっていることがわかる。

第3章　グループ間の差異分析　105

演習3.6 与えられた業種別収益率を利用し、クラスター間の距離を計算せよ。なお、距離の計測方法としては、重心法、ウォード法を用いるものとする。

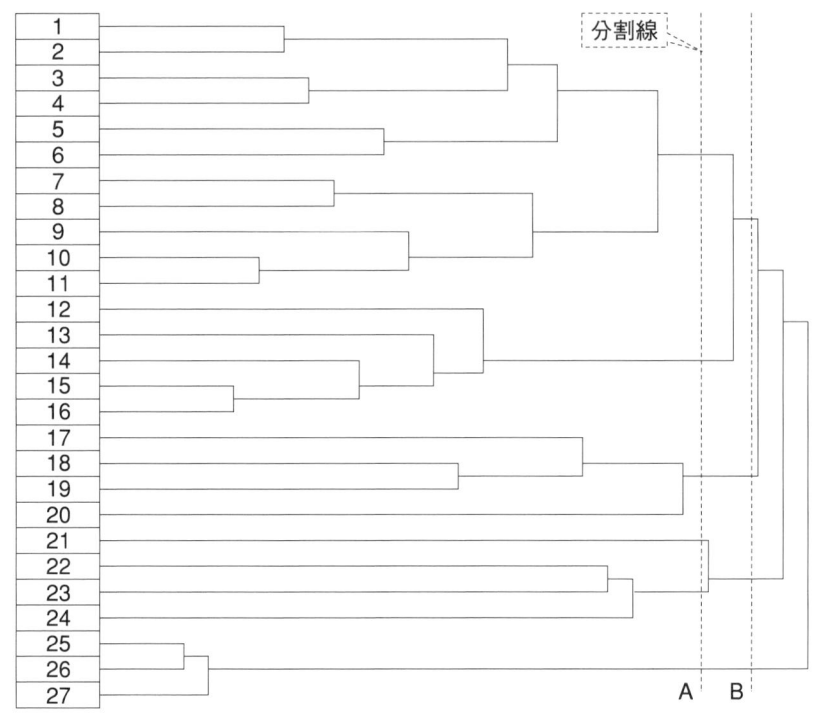

図3.11 デンドログラムの例

3.8 まとめ

この章では、グループ間の特性の違いを把握するためや、何らかの変数でみたときに有効にグループを判別しているかどうかを検討するための統計的手法として、判別分析、一元配置分析、AR値、K-S値、ダイバージェンス、クラスター分析などの考え方と利用法について解説した。バーゼルIIでは、

同質的なリスク特性をもつプールごとのリスク評価を前提としているが、このプール分割では特性の違いを明らかにする必要がある。一方、特性の違いは分布の違いを認識することであるが、多くの実データは正規分布ではないという点に十分留意する必要がある。そしてその場合には、ノンパラメトリック検定などの概念が用いられる。また、プールを細分化しすぎた場合、サンプル数が不足することから、統計的な説明力を表現できない場合もある。

第 4 章

時系列データの分析

統計データの種類には、クロスセクションデータと時系列データをあげることができる。

　ここでは、時系列データのような時間軸に沿った観測データから、時系列による要素、あるいは時系列による要素を除いた変動などの情報を、分析の目的に沿って掴むために、時系列データの特性について、および分析を行ううえでの注意点について説明する。

4.1　データの種類

データは、分析をする目的にあった構成である必要がある。データの種類として以下のものがあげられる。

① クロスセクションデータ

　クロスセクションデータとは、データの順序づけ（データの前後の関係）に分析のうえでの意味がないもので、一定の時点を固定したもとでの同種のデータをいう。たとえば、都道府県別の土地評価額データなどがこれに当たる。

② 時系列データ

　時系列データとは、データが時間経過の順序をもっているデータをいう。たとえば10年間の株価変動率データなどがこれに当たる。

　時系列データの分析では、時間軸に沿った変動の分析を行うため、時間の流れの順序の関係が重要となってくる。

③ パネルデータ

　パネルデータとは、クロスセクションデータがまとまって時系列に並んでいるデータのことをいう。たとえば、過去10年間の都道府県別土地評価額データなどがあげられる。

この章では時系列データについて取り上げる。

4.2 時系列データの特徴

時系列データには、系列相関や、時間軸上での構造的変化、および周期的変動の問題などの特徴がある。このようなデータから有意義な情報を得るためには、時系列データの一般的な構成要素を掴み、時にこれらの要素の影響を除去する必要が出てくる。そのため、初期の段階でこのような時系列データの分析が重要となってくる。

時系列データの分析にあたっては、以下のような観点で時系列の特性を把握することが重要となる。

① 時点変化のパターン
② 時系列データ間の関係
③ 時系列データの期間構造

たとえば、ローンの貸出残高について分析しようとする場合、ローンの新規設定は、設定時の金利、マクロ経済要因、取引先の固有要因によって影響を受ける。また、金融機関の「優遇金利キャンペーン」などの政策によっても影響を受ける。ローンの新規貸出額や貸出残高の時系列的な推移を分析することでリスクの要因分析などを行う際には、これらのデータとしての有効性について検討するのが最初の課題となる。

4.3 時系列データの構成要素

時系列データは以下の4つの変動成分によって合成されているといわれる。

① 傾向変動（$T(t)$）

上昇もしくは下降などの方向性（トレンド）を持続する長期的、傾向的な変動。時間軸上の単純な線形や非線形の関数で表現される。

② 循環変動（$C(t)$）

トレンドの周りで上下する変動であり、一般には、周期が定まっていない循環的変動である。景気変動などがこれに当たる。

③ 季節変動（$S(t)$）

季節によって左右される1年や月を周期として規則的に繰り返される変動。

④ 不規則変動（$\varepsilon(t)$）

上記以外の説明のつかない不規則かつ短期間の上下に起こるランダムノイズ（期待値は0と仮定）。

このような変動成分を利用し、時系列データを傾向変動（T）、循環変動（C）、季節変動（S）、不規則変動（ε）の4つの変動成分の合成だと考える。時系列データの系列を、時間tの関数として$D(t)$で表す。このとき、時系列データ$D(t)$は、成分の和で表現する「加法モデル」や、成分の積で表す「乗法モデル」で説明される。

① 加法モデル
$$D(t) = T(t) + C(t) + S(t) + \varepsilon(t)$$

② 乗法モデル
$$D(t) = T(t) \times C(t) \times S(t) \times \varepsilon(t)$$

ここで、たとえばある経済指標データから景気を分析する場合、景気に対応した変動のほかに季節変動があるとすれば、この経済指標データの変動での分析からの景気の説明は、弱いことになる。そこで季節変動を除去し、景気に対応した変動を取り出し、分析を行う必要が出てくる。

このように、時系列データを有効に用いて分析を行うために、時系列データがどのような変動成分から成り立っているのか仮説を立て、加法モデルなのか乗法モデルなのかを判断し、そのモデルに即して変動成分を分解して、本来の分析に必要なデータを取り出すことになる。

4.4 変動を掴む

　時系列データを分析するには、時系列データを構成する成分に関して仮説を立てることから始まる。そのためにまず、時系列データをプロットし視覚的に時間軸上の変動パターンを確認することが第一歩となる。また、変動成分の合成が、加法モデルか乗法モデルかによって、この成分の分解の方法が異なってくるため、どちらのモデルが適しているのかを、折れ線グラフ、または棒グラフによる時系列プロットをよくみて判断する。分解したトレンドや季節変動を特定することで、この変動の影響以外の変動要因の情報を掴みやすくすることができる。

例題 4.1

　デフォルト推移のモデル化に必要なリスク要因を検討したい。ここにある10年分の月次ローンの新規貸出件数の時系列データ $M(t)$ について分析する。

　新規貸出件数の時系列データを分析するために、プロットした結果が図4.1である。また年度別にプロットした結果が図4.2である。

☆Excelでプロット図を作成するには、「挿入（I）」⇒「グラフ（H）」を指定すると、グラフウィザードが表示されるので、「折れ線」を指定し、「データ範囲（D）」にデータテーブルの範囲を指定する。

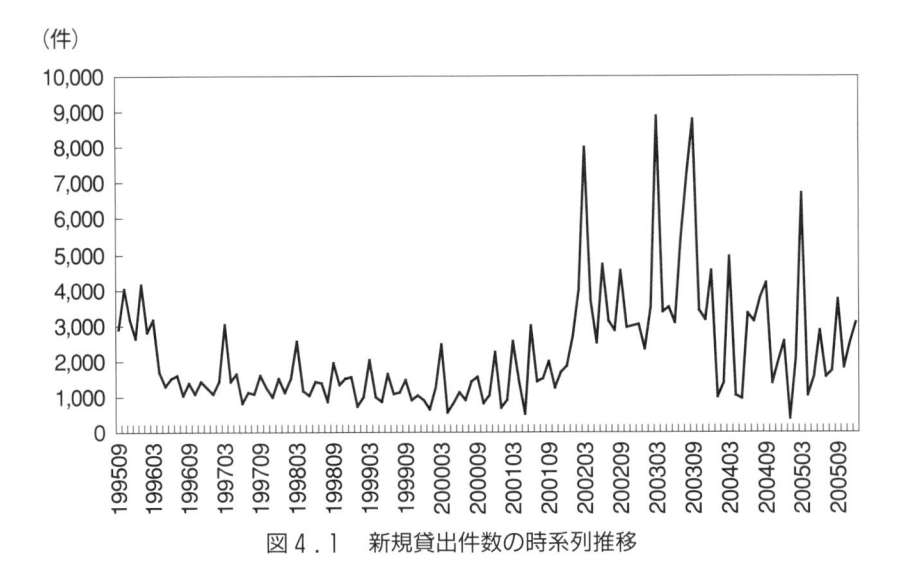

図4.1 新規貸出件数の時系列推移

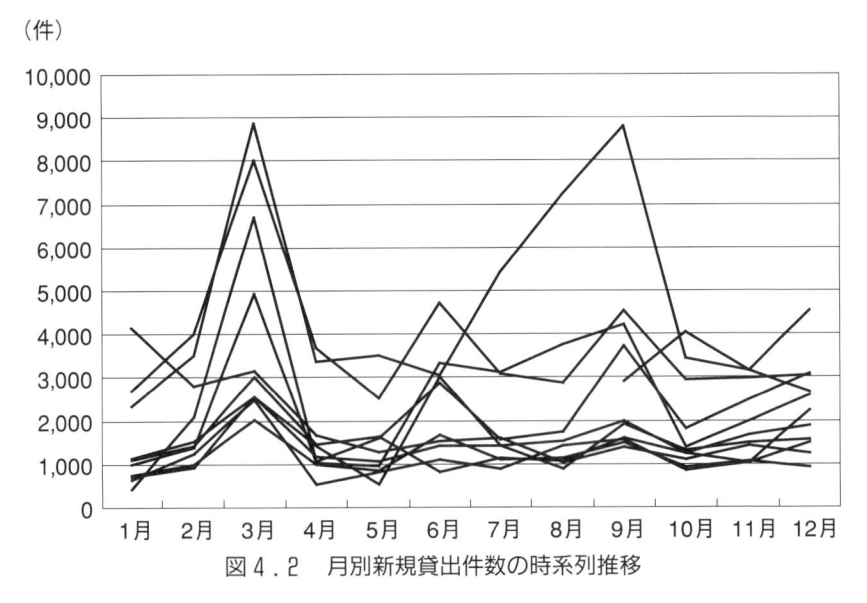

図4.2 月別新規貸出件数の時系列推移

このプロット図から、新規貸出件数の時間軸上の変動パターンを確認すると、3月が1年のなかで一番多くなっているという季節変動がみられる。また、季節変動の振幅の大きさがトレンドとともに増加していないことから、加法モデルと考えられる。

　この、加法モデルか乗法モデルかの判断の一つとしては、季節変動の振幅の大きさが一定であれば、その季節変動の要素が足されているということで「加法モデル」、季節変動の振幅の大きさが全体のレベルと比例していれば、季節変動の要素が乗じられているということで「乗法モデル」、と考えることができる。

4.5 移動平均

　例題4.1に示した新規貸出の件数データ$M(t)$には、季節変動$S(t)$や不規則変動$\varepsilon(t)$が含まれる。こうした要因を取り除き、トレンド性などの時系列データのパターンを読み取るための方法として移動平均がよく用いられる。移動平均とは、局所的な平均をとることで季節性と不規則変動を消去し、平滑化（スムージング）して傾向を把握する方法である。

　ここでは12カ月を移動平均すれば1年を周期とする季節変動$S(t)$と不規則変動$\varepsilon(t)$を取り除いた移動平均データ$Y(t)$を取り出すことができる。この移動平均データから、線形関数や非線形関数などの関数を仮定し、トレンドを推定する。

　移動平均データ$Y(t)$を以下の計算式で算定する。

$$Y(t) = \frac{1}{12} \sum_{i=t-11}^{t} M(t)$$

次に、12カ月移動平均データ$Y(t)$と時間tとの間に

$$Y(t) = \beta t + \alpha + \varepsilon_t$$

第4章　時系列データの分析

という回帰モデルを想定し、βの値が有意に正の値をとれば上昇トレンドが、βの値が有意に負の値をとれば下降トレンドがあるものと判断する。

☆Excelの分析ツールを利用して移動平均を作成するには、「ツール（T）」⇒「分析ツール（D）」を指定すると、データ分析画面が表示されるので、「移動平均」を指定し、OKボタンを押す。「移動平均」の画面が表示されるので、「入力範囲（I）」に新規貸出件数データを指定し、「区間（N）」に平均をとる時点の幅（ここでは12カ月分の12）、さらに分析結果の出力先を指定する。

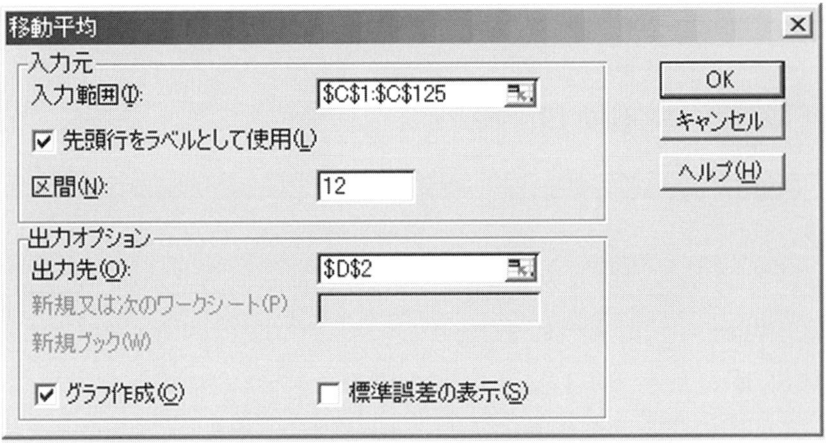

図4.3 移動平均のメニュー画面

図4.4は12カ月移動平均をプロットしたものである。12カ月移動平均データ$Y(t)$と時間tとの回帰式は、

$$Y(t) = 21.57505t + 726.5413 + \varepsilon_t$$

と、βは正の値となっている。

また、回帰分析の統計数値から、決定係数$R^2 = 0.430241$であるから、全体の残差の約43%がこのモデルにより説明されていることがわかる。

帰無仮説H_0：「トレンドを表すβの傾きは0である」
をp値によって検定すると、3.14E−15であることからこの仮説は棄却さ

れ、傾きを表す β の値は有意であり上昇トレンドがあると判断できる。

2002年2月以降急激に件数が増えているのは、単に時間軸上の推移以外に何かその変動を誘発するその他の要因、たとえば「キャンペーン」などの政策があったためと考えられる。

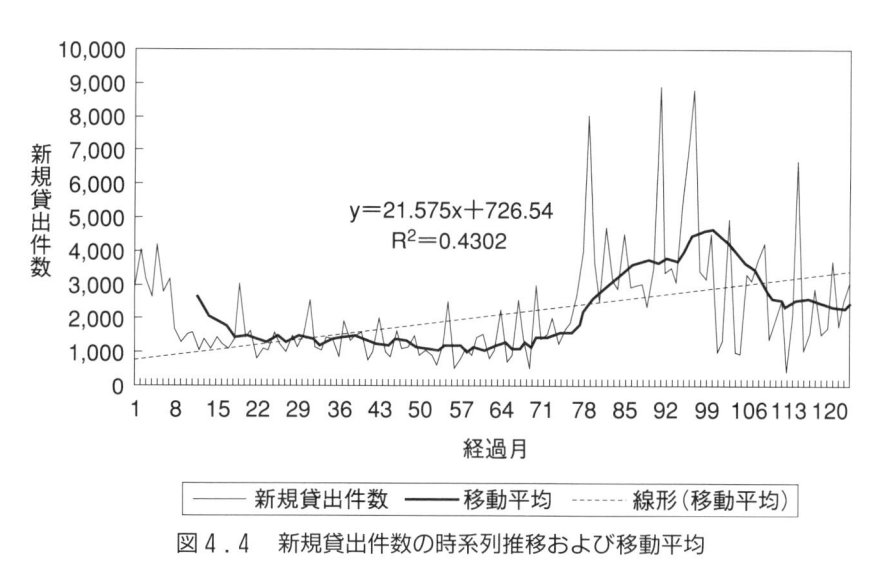

図4.4 新規貸出件数の時系列推移および移動平均

|演習4.1| 例題4.1について確認せよ。

移動平均データをもとに、移動平均乖離率を算定する。移動平均乖離率とは、移動平均系列とその原系列データとがどの程度離れているかを示すもので、

$$\frac{M(t)-Y(t)}{Y(t)}$$

で算定される。移動平均は、季節変動 $S(t)$ や不規則変動 $\varepsilon(t)$ を取り除き、トレンド性を示すものと考えられるので、移動平均乖離率を分析することで乖離パターンが掴めれば、原系列から変化の兆候を感知できることがある。

表 4.1　12カ月移動平均データ $Y(t)$ と時間 t との回帰モデル

概要

回帰統計	
重相関 R	0.655927
重決定 R2	0.430241
補正 R2	0.425108
標準誤差	817.1284
観測数	113

分散分析表

	自由度	変動	分散	観測された分散比	有意 F
回帰	1	55965915	55965915	83.81909	3.14E−15
残差	111	74114576	667698.9		
合計	112	1.3E+08			

	係数	標準誤差	t	P−値	下限95%	上限95%	下限95.0%	上限95.0%
切片	726.5413	177.7297	4.0879	8.26E−05	374.358	1078.725	374.358	1078.725
X 値 1	21.57505	2.35657	9.155277	3.14E−15	16.90535	26.24475	16.90535	26.24475

4.6　自己回帰性

　日々のデータ $D(t)$ には自己相関があると考えられる場合、その自己回帰性について AR(1) モデルによって検証する。データの最終観測時点（利用可能なデータ数）を T とし、全期間の平均値 $\bar{D}$ を

$$\bar{D} = \frac{1}{T}\sum_{t=1}^{T} D(t)$$

で定義する。ここで、日々のデータ $D(t)$ と全期間平均 $\bar{D}$ の乖離 $X(t)$ を

$$X_t = D(t) - \bar{D}$$

で表す。この乖離 X_t が、以下の平均回帰型の確率微分方程式に従うと仮定する。

$$dX_t = (\mu_X - \lambda_X X_{t-1})\,dt + \sigma_X dw_t$$

離散形で表現すると、

$$X_t - X_{t-1} = (\mu_x - \lambda_x X_{t-1}) + \sigma_x \sqrt{\Delta t} \varepsilon_t$$

となり、$\Delta t = 1$ であるので、

$$X_t = (1 - \lambda_x) X_{t-1} + \mu_x + \sigma_x \varepsilon_t$$

が得られる。ここで、X_t を被説明変数、X_{t-1} を説明変数とした場合の単回帰モデルのパラメータを推定すると、たとえば

$$X_t = 0.4203688 X_{t-1} - 0.000058 + \sigma_x \varepsilon_t$$

となり、乖離 $X(t)$ は前期の乖離 $X(t-1)$ に依存する AR(1) モデルで表現される。また、切片項 μ_x の p 値によって、

帰無仮説 H_0：「切片項は 0 である」

を検証し、切片項 μ_x の有意性を調べる。次に、トレンドを表す $(1-\lambda_x)$ の p 値によって、

帰無仮説 H_0：「トレンドを表す $(1-\lambda_x)$ の傾きは 0 である」

を検定し、トレンドの有意性を調べる。仮に、この帰無仮説 H_0 が棄却できる場合（p 値が 0.05 より小さい）、乖離 $X(t)$ は自己相関をもつということになる。

> **演習 4.2** 与えられたデータについて、自己回帰性があるかについて検討せよ。

4.7　数量化 I 類による外部要因の除去

時系列データで、格付は企業の信用力を表したものであるが、それは質的変数である。また、年度を単位としてデータを観測した場合、年度という変数についても質的変数と考えることができる。たとえば格付別・観測時点別デフォルト率（量的変数）を、格付別と年度という質的変数で表す方法が、数量化 I 類である（2.3　数量化 I 類の項を参照）。

ここでは数量化Ⅰ類を用い、各年度に含まれる外部環境要因を除去する方法について説明する。

格付を i ($i=1, 2, \cdots, N$)、観測時点を j ($j=1, 2, \cdots, T$) とし、格付別・観測時点別の実績デフォルト率の値を $p(i,j)$ で表す。格付別・観測時点別デフォルト率は、格付 i と観測時点 j によって説明できると仮定し、数量化Ⅰ類で以下のモデルを想定する。

$$\begin{aligned}\ln(p(i,j)) &= a + b_1 \times 1_{\{i=1\}} + b_2 \times 1_{\{i=2\}} + \cdots + b_{N-1} \times 1_{\{i=N-1\}} \\ &\quad + c_1 \times 1_{\{j=1\}} + c_2 \times 1_{\{j=2\}} + \cdots + c_{T-1} \times 1_{\{j=T-1\}} + \varepsilon(i,j) \\ &= a + \sum_{k=1}^{N} b_k \times 1_{\{k=i\}} + \sum_{l=1}^{T-1} c_l \times 1_{\{l=j\}} + \varepsilon(i,j)\end{aligned}$$

なお、$1_{\{\cdot\}}$ は $\{\cdot\}$ が真であるとき1、偽であるとき0の値を返す定義関数であり、この関数により実績PD $p(i,j)$ と格付 i、観測時点 j を対応づけている。

$$1_{\{k=i\}} = \begin{cases} 1 \text{ if } k=i \\ 0 \text{ if } k \neq i \end{cases}$$

また、$\varepsilon(i,j)$ は誤差項である。

この式には、$i=N$ の格付が含まれていない。これは、格付 N を基準に格付のパラメータが推定されたためであり、他の格付 ($i=1, 2, \cdots, N-1$) はこれを修正する形で計算されている。また観測時点についても $j=T$ が含まれていない。これは、観測時点 T を基準にパラメータが推定されたためであり、他の観測時点 ($j=1, 2, \cdots, T-1$) はこれを修正する形で計算されている。

外部環境要因は観測時点と切片項に現れていると仮定すると、外部要因の影響度 $e(j)$ は

$$e(j) = \exp(a + c_j)$$

で計測することができる。外部要因の平均値を $\bar{e}$ とすると、平均値で基準化した後の外部要因の影響度 $\hat{e}(j)$ は、

$$\hat{e}(j) = \frac{e(j)}{\bar{e}}$$

で計算される。

次に、外部要因控除後の観測時点別の実績PD値$\tilde{p}(i,j)$を以下の式で求める。

$$\tilde{p}(i,j) = \frac{p(i,j)}{\hat{e}(j)}$$

このように、数量化Ⅰ類を用いてPD推定から外部要因を控除し、格付の影響のみに着目することができる。

<u>演習4.3</u> 与えられたデータについて、外部要因控除後の観測時点別の実績PD値を推定せよ。

4.8 ま と め

この章では、時系列データを用いた分析や、リスク計測のためのモデルをつくる際に注意しなければいけない、時系列データの特性や、分析目的にあった時系列の変動要因の取扱いについて解説した。

時系列データを有効に用いて分析を進めるためには、まずそのデータがどのような要素で構成されているかの吟味が必要であり、次に、時間とともに変動する要因が、そのうちのいずれの要素の影響なのか、あるいはそれ以外の影響なのかの特性を掴み、必要ならば、分析目的にあった適切なデータとする必要がある。そのうえで、変動パターンや変動要因を考えることが重要となってくる。

第 5 章

主成分分析

主成分分析は、相関関係があるいくつかの変数を合成し、その総合力や特性を求める方法である。重回帰分析や判別分析のように目的変数は与えられず、説明変数を合成することで、その特性を調べるものである。

5.1　主成分分析の目的

　主成分分析では、複数の説明変数を合成し新しい変数をつくる。そうすることで、①主成分に情報を集約できる、②新たな変数でグループ分けができる、③複数の指標を統合した総合的な指標の作成ができる（合成した変数による順位づけができる）、といったことが可能になる。たとえば、デフォルトしやすい企業について分析するといった場面で、説明変数となる評価数値が沢山あったとすると、その説明変数の意味するところを読み取ることが複雑でむずかしくなる。このとき、①、②、③が可能であるならば、複数の説明変数を合成することで企業の特性を読み取ることが容易となる。

5.2　主成分分析の計算

(1)　固有値、固有ベクトル

　はじめに、主成分分析で用いられる、行列、固有値、固有ベクトルとは何かについて説明する。

　このようなテーブルの形で表されているデータを、一般に**行列A**として定義し、

$$\mathbf{A} = \begin{pmatrix} a_{11} & a_{12} & \cdots & a_{1n} \\ a_{21} & a_{22} & \cdots & a_{2n} \\ \vdots & \vdots & \ddots & \vdots \\ a_{m1} & a_{m2} & \cdots & a_{mn} \end{pmatrix} \quad (5.1)$$

という形で表す。なお、行列は太文字で表記し、$\mathbf{A} = (a_{ij})$と書く場合もあ

る。また、a_{ij}を$\mathbf{A}$の（i, j）**要素**と呼ぶ。

　$\mathbf{A}$の上からi番目の横方向の部分a_{i1}, a_{i2}, …, a_{in}を第i**行**、j番目の縦方向の部分

$$a_{1j}$$
$$a_{2j}$$
$$\vdots$$
$$a_{nj}$$

を第j**列**と呼ぶ。

　（5.1）式の行列$\mathbf{A}$はm個の行とn個の列からなる行列であるから、これを$m \times n$**行列**、$m \times n$のことを行列の**サイズ**と呼んでいる。行の数と列の数が等しい場合（すなわち$m = n$）、この行列をn次の**正方行列**、左上から右下にかけての対角線上の要素a_{ii}を**対角要素**、それ以外の要素を**非対角要素**と呼ぶ。また、非対角要素の値がすべて0の行列を**対角行列**、対角要素の値がすべて1の対角行列を**単位行列**と呼び、単位行列は通常$\mathbf{I}$で表現される。すなわち、

$$\mathbf{I} = \begin{pmatrix} 1 & 0 & \cdots & 0 \\ 0 & 1 & \cdots & 0 \\ \vdots & \vdots & \ddots & \vdots \\ 0 & 0 & \cdots & 1 \end{pmatrix}$$

列数が1の行列を**列ベクトル**と呼び、それがm個の要素で構成されている場合をm次の列ベクトルと呼ぶ。

$$\mathbf{a} = \begin{pmatrix} a_1 \\ a_2 \\ \vdots \\ a_m \end{pmatrix}$$

また、行数が1の行列を**行ベクトル**と呼び、それがn個の要素で構成されている場合をn次の行ベクトルと呼ぶ。

$$\mathbf{b} = \begin{pmatrix} b_1 & b_2 & \cdots & b_n \end{pmatrix}$$

2つの変数xとyが正比例していることを$y = ax$で表す。これを行列に拡張したものが線形変換（もしくは1次変換）と呼ばれるものであり、ある平面上の1点$\mathbf{x}$を他の1点$\mathbf{y}$に写すという幾何学的な意味をもち、座標系を変換するために用いられる。正比例の式$y = ax$では比例定数aが変換を特徴づけるが、$\mathbf{y} = \mathbf{A}\mathbf{x}$で表される線形変換を特徴づけるのは固有値と呼ばれるものである。すなわち、固有値は線形変換における比例定数の役割を担っている。

正方行列$\mathbf{A}$において

$$\lambda \mathbf{x} = \mathbf{A}\mathbf{x} \tag{5.2}$$

となるλとベクトル$\mathbf{x}$が存在するとき、λを行列$\mathbf{A}$の**固有値**、$\mathbf{x}$を**固有ベクトル**と呼ぶ。正方行列の固有値λは、以下の方程式の解である。

$$|\lambda \mathbf{I} - \mathbf{A}| = 0$$

なお、この方程式を**固有方程式**と呼ぶ。

正方行列$\mathbf{A}$がn次正方行列である場合、固有値はn個（重複を含む）存在し[2]、これらの値を$\lambda_1, \lambda_2, \cdots, \lambda_n$とすると、

$$\prod_{i=1}^{n} \lambda_i = |\mathbf{A}|, \quad \sum_{i=1}^{n} \lambda_i = \sum_{i=1}^{n} a_{ii} \tag{5.3}$$

が成り立つ。

正方行列$\mathbf{A}$とその転置行列$\mathbf{A}^\mathrm{T}$が等しい、つまり$\mathbf{A} = \mathbf{A}^\mathrm{T}$のとき、正方行列$\mathbf{A}$を**対称行列**と呼ぶ。対称行列の固有値には、以下のような特徴がある。

① 固有値はすべて実数である。
② 異なる固有値に対応する固有ベクトルは互いに直交する。

---

[2] 固有値は実数のみとする立場もある。その場合には複素数の固有値は含まれないので固有値の数はn個以下となる。

___
例題 5.1
___

$\mathbf{A} = \begin{pmatrix} 2 & 1 \\ 1 & 2 \end{pmatrix}$ であるとき、固有値 λ は

$$|\lambda \mathbf{I} - \mathbf{A}| = \begin{vmatrix} \lambda - 2 & -1 \\ -1 & \lambda - 2 \end{vmatrix} = (\lambda - 2)(\lambda - 2) - 1$$
$$= (\lambda - 1)(\lambda - 3) = 0$$

の解として計算されるので、$\lambda_1 = 1$, $\lambda_2 = 3$ となる。$\mathbf{x} = \begin{pmatrix} x_1 \\ x_2 \end{pmatrix}$ とすると、(5.2)式より、$\lambda_1 = 1$ のときには

$$1 \cdot \begin{pmatrix} x_1 \\ x_2 \end{pmatrix} = \begin{pmatrix} 2 & 1 \\ 1 & 2 \end{pmatrix} \cdot \begin{pmatrix} x_1 \\ x_2 \end{pmatrix}$$

であるので

$$\begin{cases} x_1 + x_2 = 0 \\ x_1 + x_2 = 0 \end{cases}$$

となり、固有ベクトルは

$$\mathbf{x}_1 = v_1 \begin{pmatrix} 1 \\ -1 \end{pmatrix}$$

で与えられる。ただし、v_1 は 0 でない任意の実数である。また、$\lambda_2 = 3$ のときには

$$3 \cdot \begin{pmatrix} x_1 \\ x_2 \end{pmatrix} = \begin{pmatrix} 2 & 1 \\ 1 & 2 \end{pmatrix} \cdot \begin{pmatrix} x_1 \\ x_2 \end{pmatrix}$$

であるので

$$\begin{cases} x_1 - x_2 = 0 \\ x_1 - x_2 = 0 \end{cases}$$

となり、固有ベクトルは

$$\mathbf{x}_2 = v_2 \begin{pmatrix} 1 \\ 1 \end{pmatrix}$$

で計算される。ただし、v_2は0でない任意の実数である。さらに、これら2つの固有ベクトルの内積は、

$$\mathbf{x}_1^T \mathbf{x}_2 = v_1 (1 \quad -1) v_2 \begin{pmatrix} 1 \\ 1 \end{pmatrix} = v_1 v_2 - v_1 v_2 = 0$$

となるので、これら2つの固有ベクトルは直交する。

次に、$\mathbf{B} = \begin{pmatrix} 1 & 5 \\ -3 & 1 \end{pmatrix}$について検討する。この場合の固有方程式は、

$$|\lambda \mathbf{I} - \mathbf{B}| = \begin{vmatrix} \lambda - 1 & -5 \\ 3 & \lambda - 1 \end{vmatrix} = \lambda^2 - 2\lambda + 16 = 0$$

であるので$\lambda = 1 \pm 2\sqrt{-15}$となり、固有値は複素数となる。

(2) 主成分分析の手順

主成分分析では、複数の指標を統合した総合的な指標を作成する、あるいは観測データをグループ分けする手法となる。すなわち、主成分分析とは、複数の指標（変数）から総合的な特性を表す新しい指標、もしくは変数を見つけることである。

主成分分析の対象データは、複数の量的変数による多次元データ行列となる。

主成分分析とは、このp個ある複数の変数$x_i (i = 1, 2, \cdots, p)$から新たな$p$個の変数$z_1, z_2, \cdots, z_p$を求めることである。その新たな主成分を$z_m$とすると、その値は固有ベクトル$a_{11}, a_{12}, \cdots, a_{pp}$を用いて算定することとなる。

第一主成分：$z_1 = a_{11}x_1 + a_{12}x_2 + \cdots + a_{1p}x_p$

第二主成分：$z_2 = a_{21}x_1 + a_{22}x_2 + \cdots + a_{2p}x_p$

$\vdots$

第p主成分：$z_p = a_{p1}x_1 + a_{p2}x_2 + \cdots + a_{pp}x_p$

図5.1は、2変数を例にとって主成分分析による第一主成分z_1と第二主成分z_2を示したものである。多次元になっても基本的な考え方は同じである。

主成分z_1の平均は、x_1の平均とx_2の平均であるので、新たな変数の分散が最大になるような固有ベクトルa_{11}, a_{12}, $\cdots$, a_{1p}を求めれば、x_1, x_2の情報を最大限に集約し表すことになると考える。ただし、固有ベクトルa_{11}, a_{12}, $\cdots$, a_{1p}を大きくすればいくらでも大きくすることができるため、

$$a_{11}^2 + a_{12}^2 + \cdots + a_{1p}^2 = 1$$

という条件をつける。

　このように、第m主成分の新しい変数a_{m1}, a_{m2}, $\cdots$, a_{mp}を求めることは、x_1, x_2, $\cdots$, x_pの分散共分散行列の固有値と固有ベクトルを求めることと同じである。

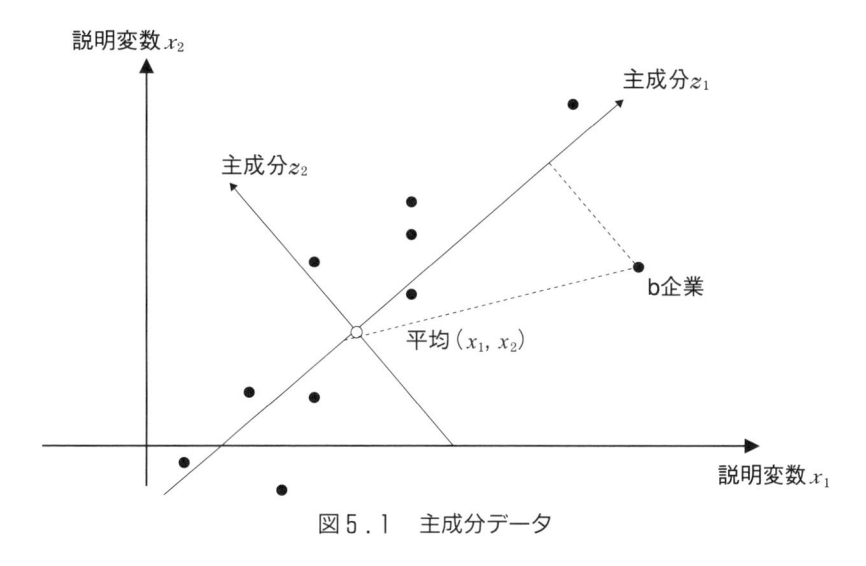

図5.1　主成分データ

　観測データの変数の単位がそろっている場合は、分散共分散行列の固有値、固有ベクトルから計算し、変数の分散が最大になるものを用いることができる。

　一方、観測データの変数の単位が異なる場合は、データを標準化してから主成分分析を適用することを考える。相関係数行列から固有値を計算し、標準化した変数の分散が最大になるものを用いる。これは観測データの大きさ

が固有値、固有ベクトルの大きさに影響を与えるからで、観測データの変数の単位が異なっている場合に分散共分散行列からの方法と、相関行列からの方法では結果が異なってくる。

$$\text{分散共分散行列} = \begin{pmatrix} \text{分散} & \text{共分散} \\ \text{共分散} & \text{分散} \end{pmatrix} = \begin{pmatrix} s_{11} & s_{12} \\ s_{21} & s_{22} \end{pmatrix}$$

$$\text{相関系列行列} = \begin{pmatrix} 1 & \text{相関係数} \\ \text{相関係数} & 1 \end{pmatrix} = \begin{pmatrix} 1 & \rho_{12} \\ \rho_{21} & 1 \end{pmatrix}$$

(3) 固有値、固有ベクトル、主成分の算定

具体的に2変数の主成分分析の例をとって手順を説明する。

例題5.2

企業a～企業tに与えられている2つの指標の評価データから企業の特性をみる。

	指標1	指標2
企業a	76	97
企業b	110	110
企業c	80	115
企業d	65	95
企業e	88	108
企業f	99	113
企業g	99	115
企業h	74	110
企業i	69	106
企業j	101	113

	指標1	指標2
企業k	67	90
企業l	74	95
企業m	71	103
企業n	62	90
企業o	110	118
企業p	80	99
企業q	62	87
企業r	94	110
企業s	90	111
企業t	81	99

指標1をx_1、指標2をx_2とすると

x_1の平均：$\bar{x}_1 = 82.6$

x_2の平均：$\bar{x}_2$ ＝104.2

x_1の分散：s_{11} ＝237.9

x_2の分散：s_{22} ＝90.4

x_1とx_2の共分散：s_{12}＝118.2

x_1とx_2の相関系列ρ_{12}＝0.8062

■分散共分散行列による算定（２変数の分析）

① 固有値λ_1、λ_2を求める

図５.１で示したとおり、新しい第一主成分z_1の座標軸の方向比はa_{11}：a_{12}で表され、第一主成分z_1は、

$$z_1 = a_{11}x_1 + a_{12}x_2$$

このときの分散v_1は、

$$v_1 = a_{11}{}^2 s_{11} + 2a_{11}a_{12}s_{12} + a_{12}{}^2 s_{22}$$

と表される。このv_1を最大にするa_{11}，a_{12}を考えることになる。

$$\lambda_1 = \frac{(s_{11}+s_{22})+\sqrt{(s_{11}-s_{22})^2+4s_{12}{}^2}}{2}$$

$$= \frac{(237.9+90.4)+\sqrt{(237.9-90.4)^2+4(118.2)^2}}{2}$$

$$= 303.599$$

$$\lambda_2 = \frac{(s_{11}+s_{22})-\sqrt{(s_{11}-s_{22})^2+4s_{12}{}^2}}{2}$$

$$= \frac{(237.9+90.4)-\sqrt{(237.9-90.4)^2+4(118.2)^2}}{2}$$

$$= 24.821$$

※多変量の分析を行うためには多次元データ行列の固有値と固有ベクトルが算出できるプログラム等の利用が必要となる。

② 固有ベクトルa_{11}、a_{12}を求める

第５章　主成分分析

$$a_{11} = \frac{|s_{12}|}{\sqrt{(\lambda_1 - s_{11})^2 + s_{12}{}^2}}$$

$$= \frac{|118.2|}{\sqrt{(303.599 - 237.9)^2 + 118.2^2}}$$

$$= 0.874$$

$$a_{12} = \frac{(\lambda_1 - s_{11})a_{11}}{s_{12}}$$

$$= \frac{(303.599 - 237.9) \times 0.874}{118.2}$$

$$= 0.4853$$

③　主成分z_1を求める

$$z_1 = a_{11}x_1 + a_{12}x_2$$
$$= 0.874x_1 + 0.4853x_2$$

■相関系列行列による算定（2変数の分析）

①　固有値λ_1、λ_2を求める

$$\lambda_1 = 1 + |\rho_{12}|$$
$$= 1 + |0.8062|$$
$$= 1.8062$$

$$\lambda_2 = 1 - |\rho_{12}|$$
$$= 1 - |0.8062|$$
$$= 0.19379$$

②　固有ベクトルa_{11}、a_{12}を求める

$$a_{11} = \frac{|\rho_{12}|}{\sqrt{(\lambda_1 - 1)^2 + \rho_{12}{}^2}}$$

$$= \frac{|0.8062|}{\sqrt{(1.8062 - 1)^2 + 0.8062^2}}$$

$$= 0.7071$$

$$a_{12} = \frac{(\lambda_1 - 1)\, a_{11}}{\rho_{12}}$$

$$= \frac{(1.8062 - 1) \times 0.7071}{0.8062}$$

$$= 0.7071$$

③ 主成分z_1を求める

$$z_1 = a_{11}\tilde{x}_1 + a_{12}\tilde{x}_2$$

$$= 0.7071\tilde{x}_1 + 0.7071\tilde{x}_2$$

$\tilde{x}_1$：x_1の標準化　　$\tilde{x}_1 = \dfrac{x_1 - \bar{x}_1}{\sqrt{S_{11}}}$

$\tilde{x}_2$：x_2の標準化　　$\tilde{x}_2 = \dfrac{x_2 - \bar{x}_2}{\sqrt{S_{22}}}$

⑷　主成分スコアの算定

　固有ベクトルを用いて求めた変数z_m($m = 1$, 2, $\cdots$, p)について、主成分スコアを算定する。主成分分析は、新たな変数から特性を読み取ることが重要になってくるため主成分z_mの平均を原点として、そのz_m軸上の原点からの距離を考えると、読み取りやすくなる。このように、z_mの平均を0として主成分を算定したものを主成分スコアという。

■分散共分散行列による算定

　新しい第一主成分z_1の主成分スコアz_1'は、

$$z_1' = a_{11}(x_1 - \bar{x}_1) + a_{12}(x_2 - \bar{x}_2)$$

で求められる。

　例題5.2の第一主成分スコアz_1'は、

　　企業a：$z_{1a}' = 0.8743 \times (76 - 82.6) + 0.4853 \times (97 - 104.2) = -9.2649$

　　企業b：$z_{1b}' = 0.8743 \times (110 - 82.6) + 0.4853 \times (110 - 104.2) = 26.7716$

企業 c ： $z'_{1c} = 0.8743 \times (80 - 82.6) + 0.4853 \times (115 - 104.2) = 19.8533$

$$\vdots$$

となる。

■相関系列行列による算定

相関系列行列による算定では、「(3)③主成分z_1を求める」において標準化データを用い、基準をあわせている。主成分スコアz'_1は主成分z_1となる。

表5.1は、分散共分散行列からの方法で算出した第一主成分スコア、相関系列行列からの方法で算出した第一主成分スコアを一表にしたものである。

表5.1　主成分スコア

	指標1	指標2	分散共分散から第一主成分スコア	相関行列から第一主成分スコア
a企業	76	97	−9.265	−0.838
b企業	110	110	26.772	1.687
c企業	80	115	2.968	0.684
d企業	65	95	−19.853	−1.491
e企業	88	108	6.566	0.530
f企業	99	113	18.610	1.406
g企業	99	115	19.581	1.555
h企業	74	110	−4.704	0.037
i企業	69	106	−11.017	−0.490
j企業	101	113	20.359	1.498
k企業	67	90	−20.531	−1.771
l企業	74	95	−11.984	−1.078
m企業	71	103	−10.725	−0.621
n企業	62	90	−24.903	−2.000
o企業	110	118	30.65	42.282
p企業	80	99	−4.797	−0.506
q企業	62	87	−26.359	−2.223
r企業	94	110	12.782	0.954
s企業	90	111	9.770	0.845
t企業	81	99	−3.923	−0.460

⑤ 寄与率

各々の主成分がもとの変数での情報のどれぐらい説明できるかを表すのが寄与率となる。

寄与率の算定は、

$$第m主成分の寄与率 = \frac{\lambda_m}{\sum_{i=1}^{p} \lambda_i}, \quad i = 1, 2, \cdots, p$$

$$第m主成分の累積寄与率 = \frac{\sum_{i=1}^{m} \lambda_i}{\sum_{i=1}^{p} \lambda_i}$$

たとえば、$\lambda_1 = 303.59$、$\lambda_2 = 24.82$ の第一主成分の寄与率がどれくらいデータを説明しているかを考えると、

$$第一主成分の寄与率 = \frac{303.59}{303.59 + 24.82}$$

$$= 0.9244$$

と第一主成分が約92%の情報をもっていることになり、ここでは、第一主成分のみで多くの説明変数を表現していることになる。

⑥ 因子負荷量

もとの変数 x_i と各主成分 z_m との相関係数を因子負荷量という。つまりもとの変数と主成分がどれくらい強いかかわりがあるかを表し、新たな指標の意味するところを解釈するのに使われる。第 m 主成分の第 i 番目の変数の因子負荷量は以下の式で算出される。

■分散共分散行列による算定

$$因子負荷量_{mi} = \frac{\sqrt{\lambda_m} \cdot a_{mi}}{\sqrt{s_{mi}}}$$

たとえば、$\lambda_1 = 303.59$、$a_{11} = 0.874$、$s_{11} = 237.96$ は以下のようになる。

$$因子負荷量 = \frac{\sqrt{303.59 \times 0.874}}{\sqrt{237.96}}$$

$$= 0.9876$$

■相関行列による算定

　　因子負荷量$_{mi} = \sqrt{\lambda_m} \cdot a_{mi}$

　たとえば、$\lambda_1 = 1.8062$、$a_{11} = 0.7071$は以下のようになる。

　　因子負荷量 $= \sqrt{1.8062} \times 0.7071$

　　　　　　　$= 0.9503$

5.3　主成分分析から特性をみる

　主成分分析により新たな指標（変数）から総合的な特性を読み取ることが重要である。

　たとえば、例題5.2では第一主成分の寄与度は92％であったことから、この第一主成分は新たな指標（変数）として、もとの2指標の情報の多くを集約できたと考える。つまり、2指標から集約された第一主成分の特性をいかに読み取るかである。

　主成分z_1は$0.874x_1 + 0.4853x_2$で表される。つまり総合的特性は、固有ベクトルがa_1，a_2が正なので、主成分z_1はx_1の値が増えればプラスに、かつx_2の値が増えればプラスになる特性を表す指標となっている。

　また、主成分はx_1が0.874、x_2が0.4853のウェイトで説明されることがわかる。固有ベクトルをいかに読み取るかが、主成分分析の重要な鍵となる。

　表5.2は、もとの指標1、指標2、主成分スコアと各々の順位を一覧にしたものである。

　また、レーダーチャートやプロットなどで示すと、視覚的に特性を掴みやすくなる。

表5.2 主成分スコアと順位

	指標1	指標2	分散共分散から第一主成分スコア	相関行列から第一主成分スコア	順位 指標1	順位 指標2	主成分(分散共分散)	主成分(相関係数)
a企業	76	97	−9.265	−0.838	12	15	13	15
b企業	110	110	26.772	1.687	1	7	2	2
c企業	80	115	2.968	0.684	10	2	9	8
d企業	65	95	−19.853	−1.491	18	16	17	17
e企業	88	108	6.566	0.530	8	10	8	9
f企業	99	113	18.610	1.406	4	4	5	5
g企業	99	115	19.581	1.555	4	2	4	3
h企業	74	110	−4.704	0.037	13	7	11	10
i企業	69	106	−11.017	−0.490	16	11	15	12
j企業	101	113	20.359	1.498	3	4	3	4
k企業	67	90	−20.531	−1.771	17	18	18	18
l企業	74	95	−11.984	−1.078	13	16	16	16
m企業	71	103	−10.725	−0.621	15	12	14	14
n企業	62	90	−24.903	−2.000	19	18	19	19
o企業	110	118	30.654	2.282	1	1	1	1
p企業	80	99	−4.797	−0.506	10	13	12	13
q企業	62	87	−26.359	−2.223	19	20	20	20
r企業	94	110	12.782	0.954	6	7	6	6
s企業	90	111	9.770	0.845	7	6	7	7
t企業	81	99	−3.923	−0.460	9	13	10	11

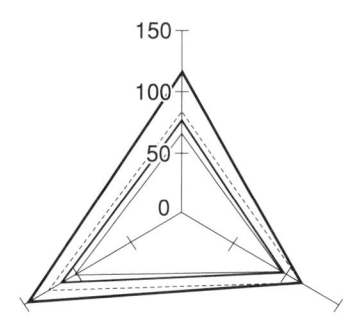

図5.2 もとの変数と第一主成分スコアのレーダーチャート

第5章 主成分分析

例題 5.3

債券投資分析では、債券価格がイールドカーブの変化によって、どのような影響を受けるかについてを分析し、どのような投資戦略が可能かなどを検討するのが基本である。ここでは、イールドカーブについて主成分分析を行い、その特徴について分析する。

市場で債券の価格が与えられれば、イールド（最終利回り）がわかる。しかし、異なる満期の債券のイールドを計算すると、異なった値になることが一般的である。このような違いが生じる要因は、デフォルトやコール条項を無視すれば、満期までの期間の差、すなわち満期までの期間によってイールドが異なっているということになる。

満期までの期間とイールドの関係をプロットしたものを、イールドカーブという。

ここでは、主成分分析を用いてイールドカーブの変動モデルを考えることにする。

イールドカーブの変動を考えるためには、イールドカーブを、各グリッド（市場で直接観測される期間の有限個の点）に対応するイールドで表されるベクトルと想定し、各グリッドそれぞれが、どのように変動するかをモデル化する。各グリッドのイールドを変数とみたて、イールドの上昇率が多変量正規分布に従うと仮定する。イールドカーブのグリッド（変数）は複数となるため、主成分分析によりこのグリッドを集約した新たな変数をつくり、イールドの変動の特性を摑む。つまり、主成分分析によってグリッドの数を減らし、新たにできた主たる変動成分で、グリッド全体の変動を読み取る。

たとえば、イールドカーブを、1年、2年、3年、4年、5年のグリッド上の国債利回りでとらえるとして、主成分分析を行った結果、

各主成分の固有値が、

$\lambda_1=0.2773$、$\lambda_2=0.0188$、$\lambda_3=0.0036$、$\lambda_4=0.00033$、$\lambda_5=3.07\text{E-}05$

固有ベクトルが、

第一主成分

$a_{11}=0.534$、$a_{12}=0.527$、$a_{13}=0.447$、$a_{14}=0.371$、$a_{15}=0.310$

第二主成分

$a_{21}=-0.733$、$a_{22}=-0.038$、$a_{23}=0.251$、$a_{24}=0.412$、$a_{25}=0.476$

第三主成分

$a_{31}=0.412$、$a_{32}=-0.673$、$a_{33}=-0.239$、$a_{34}=0.212$、$a_{35}=0.522$

であったとする。

第一主成分から第三主成分の各主成分の寄与率をみてみると、

$$\frac{\lambda_1}{\sum_{i=1}^{5}\lambda_i}=\frac{0.2773}{0.3}=0.9240、\quad \frac{\lambda_2}{\sum_{i=1}^{5}\lambda_i}=\frac{0.0188}{0.3}=0.0626、\quad \frac{\lambda_3}{\sum_{i=1}^{5}\lambda_i}=\frac{0.0036}{0.3}=0.0120$$

第三主成分の累積寄与率は、

$$\frac{\sum_{i=1}^{3}\lambda_i}{\sum_{i=1}^{5}\lambda_i}=\frac{0.2997}{0.3}=0.9987$$

となり、第三主成分までで、全体の変動の99.87%をとらえていることになる。

これらの主成分のベクトルは、各期間のイールドの単位上昇率に対する係数を意味する。図5.3は、期間を横軸、対応するイールドの上昇率を縦軸としてプロットしたものである。これらの形状から、第一主成分はイールドカーブの変動の「水準」を、第二主成分は期間によるイールドの「傾き」を、第三主成分はイールドカーブの「曲がり」具合を表現したものととらえることができる。

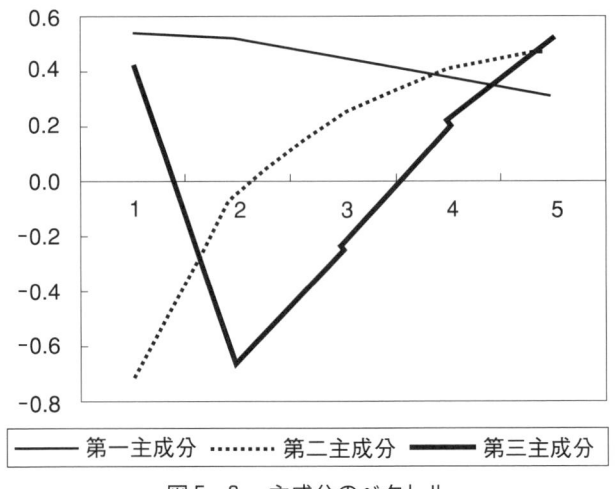

図5.3　主成分のベクトル

課題5.1　取引先企業について評価したい。次頁の表5.3の20社の評価データを用いて分析せよ。

5.4　まとめ

　この章では、複数の説明変数を合成し新しい変数をつくることで、データの本質をわかりやすくする主成分分析について解説した。主成分分析では、分散共分散行列による方法と相関行列による方法とでは、主成分スコアの順位が異なってくる。どちらの方法を使うか判断に注意が必要である。また、複数の変数による分析にあたっては、固有方程式を求める問題があるので、プログラムの利用が必要になり、解き方はいくつか方法がある。

　いずれの方法をとったとしても、固有ベクトルの大きさや符号、因子負荷量の大きさや符号、いくつの主成分を採用するかといった累積寄与率などの算定結果を吟味し、特性を読み取ることが大切である。

表5.3　評価データ

	資本効率	営業効率	資産効率	流動性
a企業	76	97	78	71
b企業	110	110	113	85
c企業	80	115	78	37
d企業	65	95	125	83
e企業	88	108	122	65
f企業	99	113	69	65
g企業	99	115	90	57
h企業	74	110	90	57
i企業	69	106	78	81
j企業	101	113	113	99
k企業	67	90	87	67
l企業	74	95	92	55
m企業	71	103	145	110
n企業	62	90	145	85
o企業	110	118	83	80
p企業	80	99	92	34
q企業	62	87	83	69
r企業	94	110	58	30
s企業	90	111	111	90
t企業	81	99	111	69

<参考文献>

［1］ 青沼君明・岩城秀樹著（2002）『Excelで学ぶファイナンス③債券・金利・為替』金融財政事情研究会
［2］ 木島正明・青沼君明著（2003）『Excel&VBAで学ぶファイナンスの数理』金融財政事情研究会
［3］ 木島正明編（1998）『金融リスクの計量化（上）バリュー・アット・リスク』金融財政事情研究会
［4］ 木島正明編（1998）『金融リスクの計量化（下）クレジット・リスク』金融財政事情研究会
［5］ 青沼君明・市川伸子著（2008）『Excelで学ぶバーゼルIIと信用リスク評価手法』金融財政事情研究会
［6］ 青沼君明・村内佳子著（2009）『Excel&VBAで学ぶVaR』金融財政事情研究会

事項索引

A〜Z

Accuracy ratio ················99
AIC ···························61
AR値 ··························99
CAP曲線 ······················99
Coxの比例ハザード・モデル ···45
Cumulative Accuracy Profiles ······99
F検定 ··························91
F検定統計量 ···················53
F値 ···························86
F分布 ··························25
Kolmogorov-Smirnov ············97
K-S値 ·························97
P値 ·······················22, 55
Shapiro-Wilk ··················89
Smirnov-Grubbsの棄却検定法 ······33
Thompsonの棄却検定法 ·········32
t検定 ··························91
t値 ···························55
t統計量 ························54
t分布 ··························23

あ行

赤池情報量基準 ··············61
異常値 ·····················8, 29
一元配置分析 ··················82
一般化線形モデル ··········45, 70
移動平均 ·····················115
因子負荷量 ···················135
ウイルコクソン順位和検定 ······92
ウェルチの検定 ················92
ウォード法 ···················104

か行

回帰係数 ······················54
回帰直線 ······················46
回帰分析 ······················45
階級 ··························3
カイ二乗分布 ·················22
確率分布 ······················92
仮説検定 ······················22
片側確率 ······················86
加法モデル ···················112
季節変動 ·····················112
基本統計量 ····················6
帰無仮説 ··················22, 44
逆関数 ························71
行 ··························125
共線性 ·····················59, 64
共分散 ························39
行ベクトル ···················125
行列 ·························125
寄与率 ···············50, 52, 135
区間推定 ······················55
クラスター分析 ···············103
クロスセクションデータ ·······110
経験分布関数 ··················98
傾向変動 ·····················111
決定係数 ···················50, 52
ケンドールの順位相関係数 ······93
五分位範囲 ····················26
固有値 ·······················124
固有ベクトル ·················124
固有方程式 ···················126

事項索引 143

さ行

- 最小 … 13
- 最小二乗法 … 48
- サイズ … 125
- 最大 … 13
- 最頻値 … 9
- 残差 … 48, 57
- 残差分析 … 56
- 散布図 … 38
- 時系列データ … 110
- 自己回帰性 … 118
- 質的変数 … 67
- 四分位 … 87
- 四分位グラフ … 26
- 四分位点 … 26
- 四分位範囲 … 26
- 四分位偏差 … 26
- シャピロ・ウイルク検定 … 89
- 重回帰分析 … 45
- 重回帰モデル … 58
- 重心法 … 104
- 重相関係数 … 52
- 自由度 … 52
- 自由度調整済み決定係数 … 61
- 十分位範囲 … 26
- 樹形図 … 105
- 主成分スコア … 133
- 循環変動 … 111
- 乗法モデル … 112
- 情報量基準 … 61
- 推測統計学 … 22
- 数量化Ⅰ類 … 66, 119
- 正規性の検定 … 89
- 正規分布 … 19

- 正の相関 … 38
- 正方行列 … 125
- 説明変数 … 2, 38
- 線形判別関数 … 76, 77
- 尖度 … 11
- 相関 … 38
- 相関係数 … 40
- 相対度数 … 3

た行

- 第一種の誤り … 89
- 対角行列 … 125
- 対角要素 … 125
- 第二種の誤り … 89
- ダイバージェンス … 102
- 多重共線性 … 64
- 単位行列 … 125
- 中央値 … 9
- デフォルト率 … 38
- デンドログラム … 105
- 等分散検定 … 91
- 度数 … 3
- 度数分布 … 14
- 度数分布表 … 3

な行

- ノンパラメトリック検定 … 92

は行

- 箱ひげ図 … 26
- 外れ値 … 8, 29
- パネルデータ … 110
- パレート図 … 4
- 範囲 … 13
- 判別分析 … 76, 77

ヒストグラム	4, 14	モード	9
被説明変数	38	目的変数	2, 38
非対角要素	125	モデル選択の基準	58
標準誤差	9, 54		
標準偏回帰係数	60	**や行**	
標準偏差	9	有意確率	22, 55
標本数	13	有意水準	44
不規則変動	112	要素	125
負の相関	38		
不偏標準偏差	9	**ら行**	
不偏分散	10	リスク・ファクター	38
プロビット・モデル	45	量的変数	67
分割線	105	累積寄与率	135
分散	10, 52	累積相対度数	3
分散拡大係数	65	累積度数	3
分散比	53, 86	列	125
分布	3, 19	列ベクトル	125
平方和	51	連結関数	71
偏回帰係数	59	レンジ	13
偏差平方和	85	ロジスティック分析	70
変動係数	10, 53	ロジスティックモデル	71
		ロジット変換	71
ま行		ロジット・モデル	45
マハラノビスの距離	76		
無相関	40	**わ行**	
メジアン	9	歪度	12

事項索引　145

Excel&VBAで学ぶ金融統計の基礎

平成21年7月30日　第1刷発行

　　　　　著　者　青　沼　君　明
　　　　　　　　　市　川　伸　子
　　　　　発行者　倉　田　　　勲
　　　　　印刷所　文唱堂印刷株式会社

〒160-8520　東京都新宿区南元町19
発 行 所　社団法人　金融財政事情研究会
編 集 部　TEL 03(3355)2251　FAX 03(3357)7416
販　　売　株式会社きんざい
販売受付　TEL 03(3358)2891　FAX 03(3358)0037
　　　　　URL http://www.kinzai.jp/

・本書の内容の一部あるいは全部を無断で、複写・複製・転訳載および磁気または光記録媒体、コンピュータネットワーク上等へ入力することは、法律で認められた場合を除き、著作者および出版社の権利の侵害となります。
・落丁・乱丁本はお取替えいたします。価格はカバーに表示してあります。

ISBN978-4-322-11498-0

好評図書

リスクマネジメントキーワード170
東京リスクマネジャー懇談会 [編]
四六判・452頁・定価2,940円（税込⑤）

オペレーショナル・リスク管理高度化への挑戦
――最先端の実務と規制の全貌
小林孝明・清水真一郎・西口健二・森永聡 [編著]
A5判・上製・316頁・定価3,570円（税込⑤）

株式上場の実務【改訂版】
みずほ銀行証券業務部・みずほインベスターズ証券公開引受部 [著]
A5判・264頁・定価2,520円（税込⑤）

事例に学ぶ決算分析の勘所
――融資担当者のための決算書読解・資金分析術
公認会計士　井口秀昭 [著]
A5判・196頁・定価2,100円（税込⑤）

よくわかる金融機関の不祥事件対策
日本公認不正検査士協会 [編]
甘粕潔・宇佐美豊・杉山知・土屋隆司 [著]
A5判・184頁・定価2,100円（税込⑤）